理论强党

LILUN
QIANGDANG

《党建》杂志社★主编

人民东方出版传媒
東方出版社

《习近平新时代中国特色社会主义思想学习纲要》对习近平新时代中国特色社会主义思想作了全面系统阐述，有助于更好地理解把握这一思想的基本精神、基本内容、基本要求。

学习留印 抓《纲》有痕

一图看懂《学习纲要》

为什么学？

党的十九大将习近平新时代中国特色社会主义思想确立为**党必须长期坚持的指导思想并庄严地写入党章**，体现了党在政治上理论上的高度成熟、高度自信。十三届全国人大通过的宪法修正案郑重地把习近平新时代中国特色社会主义思想**载入宪法**，实现了国家指导思想的与时俱进，反映了全国各族人民的共同意志和全社会的共同意愿。

习近平新时代中国特色社会主义思想：

- 是 新时代中国共产党的思想旗帜。
- 是 国家政治生活和社会生活的根本指针。
- 是 当代中国马克思主义、二十一世纪马克思主义。
- 是 对马克思列宁主义、毛泽东思想、邓小平理论、“三个代表”重要思想、科学发展观的继承和发展。
- 是 马克思主义中国化最新成果。
- 是 党和人民实践经验和集体智慧的结晶。
- 是 中国特色社会主义理论体系的重要组成部分。
- 是 全党和全国各族人民为实现中华民族伟大复兴而奋斗的行动指南。
- 是 引领党和国家事业不断从胜利走向新的胜利的强大思想武器和行动指南。

该学什么？

全书共

21 章　99 目

200 条　259 页　近 15 万字

以**“八个明确”**和**“十四个坚持”**为核心内容，全面系统深刻地阐述了习近平新时代中国特色社会主义思想丰富内涵。

首章

首章相当于导言

对习近平新时代中国特色社会主义思想进行概要性介绍，重点强调这一思想是党和国家必须**长期坚持的指导思想。**

尾章

尾章相当于后记

更是学习的总要求，强调要用习近平新时代中国特色社会主义思想武装起来，**在学懂弄通做实上下功夫，**增进政治认同、思想认同和情感认同，切实做到学思用贯通，知信行统一；必须持之以恒、久久为功。

中间 19 章，可以大致分为六大部分

1. **第一部分论述历史方位。**
内容为第一章，开篇明义，我国发展站在了新的历史方位，即中国特色社会主义进入了新时代。

2. **第二部分阐释根本方向。**
内容为第二章至第八章，阐述了当代中国发展进步的根本方向是中国特色社会主义，论述了新时代坚持和发展中国特色社会主义的根本立场、奋斗目标、战略安排、领导力量、根本动力、本质要求等。

3. **第三部分阐述总体布局。**
内容为第九章到第十三章，关注了新时代中国特色社会主义的经济建设、政治建设、文化建设、社会建设和生态文明建设。

4. **第四部分关注相关领域。**
内容为第十四章至第十七章，主要关注坚持总体国家安全观、国防和军队建设、坚持“一国两制”和推进祖国统一、中国特色大国外交等。

5. **第五部分强调政治保证。**
内容为第十八章，关注新时代党的政治、组织、作风、纪律等方面的建设。

6. **第六部分强调能力建设。**
内容为第十九章，关注新时代应掌握马克思主义思想方法和工作方法。

怎么样学？

总体要求

深入学习贯彻习近平新时代中国特色社会主义思想，必须在学懂弄通做实上下功夫，增进政治认同、思想认同和情感认同。

切实做到

学	思	用	贯通
知	信	行	统一

深入学习贯彻习近平新时代中国特色社会主义思想，是一项长期的政治任务，是一个持续推进、常学常新、不断深化的过程，必须持之以恒、久久为功。

具体要求

对各级党委（党组）而言

一是坚持不懈用习近平新时代中国特色社会主义思想武装头脑、指导实践、推动工作。二是组织全体党员认真读原著、学原文、悟原理，紧密结合“不忘初心、牢记使命”主题教育，把《纲要》纳入学习计划，作出周密安排，开展多形式、分层次、全覆盖学习培训。

对全体党员而言

一是要在多思多想、学深悟透上下功夫，深入学习领会这一思想的时代意义、理论意义、实践意义、世界意义，深刻理解其核心要义、精神实质、丰富内涵、实践要求。二是要在系统全面、融会贯通上下功夫，深刻把握这一思想贯穿的马克思主义立场观点方法，知其然又知其所以然，不断提高马克思主义理论水平。三是要在知行合一、学以致用上下功夫，大力弘扬理论联系实际的优良学风，更加自觉用这一思想指导解决实际问题，切实把学习成效转化为做好本职工作、推动事业发展的生动实践。

目 录

C O N T E N T S

★学习留印 1 抓《纲》有痕★

习近平
新时代中国特色社会主义思想

形成的时代背景

是在把握世界发展大势、应对全球共同挑战、维护人类共同利益的过程中创立并不断丰富发展的。

是在中华民族迎来从**站起来**、**富起来**到**强起来**的伟大飞跃中创立**并不断丰富发展**的。

是在不断推进党的自我革命，实现党

自我净化　**自我完善**　**自我革新**　**自我提高**

的过程中创立并不断丰富发展的。

是在对科学社会主义理论与实践的深邃思考、深刻总结，对坚持和发展中国特色社会主义的**不懈探索**、**砥砺前行**中创立并不断丰富发展的。

历史地位

是新时代中国共产党的思想旗帜，是国家政治生活和社会生活的根本指针，是当代中国马克思主义、二十一世纪马克思主义，是对马克思列宁主义、毛泽东思想、邓小平理论、“三个代表”重要思想、科学发展观的继承和发展，是马克思主义中国化最新成果，是党和人民实践经验和集体智慧的结晶，是中国特色社会主义理论体系的重要组成部分。

理论渊源

马克思列宁主义、毛泽东思想、邓小平理论、“三个代表”重要思想、科学发展观。

实践基础

党的十八大以来，以习近平同志为核心的党中央，以**巨大的政治勇气**和**强烈的责任担当**

提出一系列新概念新思想新战略

出台一系列重大方针政策

推出一系列重大举措

推进一系列重大工作

解决了许多长期想解决而没有解决的难题，办成了许多过去想办而没有办成的大事，推动党和国家事业取得了**历史性成就**、发生**历史性变革**。

丰富内涵

核心内容为“八个明确”和“十四个坚持”

涵盖了新时代坚持和发展中国特色社会主义的总目标、总任务、总体布局、战略布局和发展方向、发展方式、发展动力、战略步骤、外部条件、政治保证等基本问题，并根据新的实践对经济、政治、法治、科技、文化、教育、民生、民族、宗教、社会、生态文明、国家安全、国防和军队、“一国两制”和祖国统一、统一战线、外交、党的建设等各方面作出新的理论概括和战略指引。

主要特点

- 体系严谨
- 逻辑严密
- 内涵丰富
- 博大精深

闪耀着马克思主义真理光辉

深刻理解和全面把握的金钥匙

- 为人民谋幸福
- 为民族谋复兴
- 为世界谋大同

灵魂

- 解放思想
- 实事求是
- 与时俱进

展现的品格风范

坚守中国共产党人为人民谋幸福的初心，坚持人民主体地位，坚持一切为了人民、一切依靠人民，彰显了人民是历史的创造者、人民是真正英雄的唯物史观，彰显了以人为本、人民至上的价值取向，**彰显了立党为公、执政为民的执政理念**。

承载中国共产党人为民族谋复兴的使命，擘画实现民族复兴中国梦的宏伟蓝图，高扬中华民族伟大创造精神、伟大奋斗精神、伟大团结精神、伟大梦想精神，传承和弘扬中华民族优秀文化，为实现中华民族伟大复兴提供了强大的精神力量。

担当中国共产党人为世界谋大同的责任，饱含对人类发展重大问题的睿智思考和独特创见，洞察时代风云，把握时代脉搏，引领时代潮流，为应对全球共同挑战、共同问题提供了中国智慧和中国方案，

为推动构建人民命运共同体、维护人类共同利益和共同价值作出了重要贡献。

绪　言

INTRODUCTION

（一）

努力在思想认识上达到新高度

张磊

习语

中国共产党之所以叫共产党，就是因为从成立之日起我们党就把共产主义确立为远大理想。我们党之所以能够经受一次次挫折而又一次次奋起，归根到底是因为我们党有远大理想和崇高追求。

——习近平

在全党启动开展“不忘初心、牢记使命”主题教育之时，中宣部组织编写的《习近平新时代中国特色社会主义思想学习纲要》（以下简称《纲要》）出版，这是思想理论战线的一件大事，必将对主题教育活动深入开展、对全党全国持续兴起的学习贯彻习近平新时代中国特色社会主义思想热潮产生新的强大推动力。中共中央发出关于印发《纲要》的通知强调，要在多思多想、学深悟透上下功夫，深入学习领会这一思想的时代意义、理论意义、实践意义、世界意义，深刻理解其核心要义、精神实质、丰富内涵、实践要求。这既是对党员领导干部的要求，也是对全体党员和广大群众的要求。我们必须按照这一要求，以《纲要》为重要辅助读物，精读原著，加深理解，努力在思想认识上达到新的高度。

一、深刻把握时代背景和历史地位

马克思、恩格斯曾经说过：“一切划时代的体系的真正的内容都是由于产生这些体系的那个时期的需要而形成起来的。”[①] 习近平新时代中国特色社会主义思想，正是适应时代需要而形成、引领时代进步而发展的具有划时代意义的思想体系。

《纲要》从四个方面深刻阐述了习近平新时代中国特色社会主义思想形成的时代背景，并指出这一思想，正是在把握世界发展大势、应对全球共同挑战、维护人类共同利益的过程中创立并不断丰富发展的；正是在中华民族迎来从站起来、富起来到强起来的伟大飞跃中创立并不断丰富发展的；正是在不断推进党的自我革命，实现党自我净化、自我完善、自我革新、自我提高的过程中创立并不断丰富发展的；正是在对科学社会主义理论与实践的深邃思考、深刻总结，对坚

① 《马克思恩格斯全集》（第三卷），人民出版社 1960 年版，第 544 页。

持和发展中国特色社会主义的不懈探索、砥砺前行中创立并不断丰富发展的。这些论述深刻揭示了习近平新时代中国特色社会主义思想形成的时代动因和历史根据。

时代是思想之母，实践是理论之源。每个伟大的时代变革，都会产生反映这个时代本质的伟大理论。毛泽东思想是我们党领导新民主主义革命和社会主义革命、建设时代的产物；邓小平理论是我国实行改革开放、开创中国特色社会主义道路的产物；“三个代表”重要思想、科学发展观，是我们党应对世纪之交世界社会主义遭受严重曲折、国际格局深刻变动、探索中国特色社会主义道路取得新成就、面临新考验的产物。习近平新时代中国特色社会主义思想是中国特色社会主义进入新时代，中国正在经历着我国历史上最为广泛而深刻的社会变革，也正在进行着人类历史上最为宏大而独特的实践创新的产物；在这个需要理论而且一定能够产生理论的时代，在这个需要思想而且一定能够产生思想的时代，习近平新时代中国特色社会主义思想应时代而产生、随实践而发展，反映了当代中国和当代世界发展的内在要求，代表了二十一世纪的时代精神，彰显了马克思主义的强大生命力。

充分认识习近平新时代中国特色社会主义思想的历史地位，就要深刻认识这一思想对中国特色社会主义事业发展的根本指导意义。党的十九大确立了习近平新时代中国特色社会主义思想在全党的根本指导地位，实现了党和国家指导思想上的与时俱进，这是全党全国各族人民共同意志的体现，是马克思主义中国化进程中又一个辉煌的里程碑。我们要通过《纲要》的学习，更深刻地领会这一载入史册的新思想的伟大意义。

二、充分认识理论渊源和实践基础

学习和掌握科学理论，必须搞清楚理论渊源和实践基础，因为理论渊源体现了理论发展的思想线索和本质特征，实践基础决定了理论的现实根基和科学依据。

《纲要》深刻阐述了习近平新时代中国特色社会主义思想的理论渊源和实践基础，并指出，这一思想渊源于马克思列宁主义、毛泽东思想、邓小平理论、“三个代表”重要思想、科学发展观。虽然它们形成于不同的历史时期，回答了不同的时代课题，但其精神本源是一脉相承的。它们在哲学基础上一脉相承，都坚持辩证唯物主义和历史唯物主义的科学世界观和方法论；它们在理论纲领上一脉相承，都把实现全人类解放，通过建设社会主义、最终实现共产主义作为奋斗目标；它们在理论立场上一脉相承，都坚持以人民为中心的价值取向，始终代表最广大人民的根本利益，始终相信人民、依靠人民、为了人民；它们在理论品质上一脉相承，都坚持解放思想、实事求是、与时俱进，以宽广的眼界观察世界，通过批判地吸收人类社会创造的一切文明成果来丰富和发展自己。习近平新时代中国特色社会主义思想，既坚持“老祖宗”，又讲了很多“新话”，使我们党对共产党执政规律、社会主义建设规律、人类社会发展规律的认识达到了新高度，为发展马克思主义作出了原创性贡献，把马克思主义推进到二十一世纪的新水平。

习近平新时代中国特色社会主义思想不是凭空产生的，它深深扎根于当代实践、扎根于中国大地。《纲要》从多个方面深刻阐述了习近平新时代中国特色社会主义思想的理论土壤和实践基础。党的十八大以来，以习近平同志为核心的党中央团结带领全党全国各族人民，坚持以当代中国马克思主义为指导，以巨大的政治勇气和强烈的责任担当，从容应对来自国内和国际的，来自党内和党外的，来自社会上和自然界的各种困难挑战和风险考验，提出一系列新思想新理念新战略，出台一系列重大方针政策，推出一系列重大举措，推进一系列重大工作，解决了许多长期想解决而没有解决的难题，办成了许多过去想办而没有办成的大事，推动党和国家事业取得了历史性成就、发生历史性变化。实践是理论的源泉，也是检验理论真理性的唯一标准。党的十九大把习近平新时代中国特色社会主义思想确立为党必须长期坚持的指导思想，从根本上说，就在于这个思想经受了当代实践的检验，为全党全国各族人民高度认同和衷心拥护，成为引导我们前进的强大思想武器。

在新的历史进程中，我们必须坚持用习近平新时代中国特色社会主义思想指导新的实践，在实践中继续推进理论创新，不断开辟马克思主义理论发展的新境界。

三、学深悟透丰富内涵和科学体系

习近平新时代中国特色社会主义思想内涵非常丰富，是一个博大精深的理论体系。学习《纲要》，最基本的功夫，就是要通过深读细研，透彻理解和全面把握这一思想的丰富思想内涵，在此基础上完整把握科学体系。

《纲要》紧紧围绕习近平新时代中国特色社会主义思想是党和国家必须长期坚持的指导思想这一主题，以党的十九大报告阐述的“八个明确”和“十四个坚持”为核心内容和主要依据，用 21 章、99 目、200 条，近 15 万字的篇幅，对习近平新时代中国特色社会主义思想的丰富内涵和科学体系作了全面系统的阐述。《纲要》指出，这一思想，涵盖了新时代坚持和发展中国特色社会主义的总目标、总任务、总体布局、战略布局和发展方向、发展方式、发展动力、战略步骤、外部条件、政治保障等基本问题，并根据新的实践对经济、政治、法治、科技、文化、教育、民生、民族、宗教、社会、生态文明、国家安全、国防和军队、“一国两制”和祖国统一、统一战线、外交、党的建设等各方面作出新的理论概括和战略指引；这一思想，涉及生产力与生产关系、经济基础与上层建筑各个环节，涵盖改革发展稳定、内政外交国防、治党治国治军各个领域，统领伟大斗争、伟大工程、伟大事业、伟大梦想各个方面；这一思想，创造性地把马克思主义基本原理同当代中国和当今世界的实际紧密结合起来，在许多重大问题上提出了一系列新思想、新理念、新战略，丰富了马克思主义理论宝库；这一思想，有着深厚的历史文化底蕴，传承着五千多年中华文明的根脉，弘扬了中华优秀传统文化和我们党领导人民创造的革命文化、社会主义先进文化，体现了我们党高度的文化自觉和文化自信，赋予马克思主义以鲜明的时代特征和中国气派。

《纲要》明确阐明，习近平新时代中国特色社会主义思想是一个体系严整、逻辑严密的科学体系，贯通马克思主义哲学、政治经济学、科学社会主义，贯通历史、现实和未来，贯通改革发展稳定、内政外交国防、治党治国治军等各领域，标志着我们党对共产党执政规律、社会主义建设规律和人类社会发展规律的认识达到新的高度。学习把握习近平新时代中国特色社会主义思想，要把这一思想作为一个体系来把握，突出系统性、完整性，做到全面地而不是片面地、系统地而不是零碎地、实际地而不是空洞地把握丰富内涵、内在逻辑和整体结构。在学习把握中，还应注意深刻领会贯穿其中的马克思主义基本立场和思想方法，真正通过学习提高我们贯彻落实这一思想的能力。

四、全面领会政治品格和精神风范

《纲要》指出，习近平新时代中国特色社会主义思想，充满着对马克思主义的信仰，充满着对社会主义和共产主义的坚定信念，展现了当代中国共产党人的政治品格、价值追求、精神风范。学习《纲要》，不仅要学习文字表述和理论内容，更为重要的是，要结合原著的学习，深刻领会和感悟习近平总书记的政治品格和精神风范。

在习近平总书记的著作中，几乎处处可以感受到那种志存高远、坚韧不拔、格局宏阔、睿智深沉、奋发进取、开拓创新的政治品格和精神风范。党的十八大以来，以习近平同志为核心的党中央，大力破除僵化保守、萎靡不振、不思进取、得过且过、贪图安逸、贪污腐化、作风漂浮、脱离群众的思想和惰气，下力气解决干部队伍中存在的庸懒散奢、推诿塞责、尸位素餐、为官不为等问题，大力弘扬直面困难、勇于担当、改革创新、知难而进的精神，要求各项工作都要做到抓铁有痕、踏石留印，在全党全社会形成了奋发进取的精神状态。这样的精神状态已经成为推动当代中国社会发展进步的一道巨流、一种气场和一股催人奋进的强大内蕴力。

这种强大的内蕴力，首先来自于理想信念的坚定。习近平总书记多次强调，对马克思主义的信仰，对社会主义和共产主义的信念，是共产党人的政治灵魂，是共产党人经受住任何考验的精神支柱。理想信念就是共产党人精神上的“钙”。他指出，“中国共产党之所以叫共产党，就是因为从成立之日起我们党就把共产主义确立为远大理想。我们党之所以能够经受一次次挫折而又一次次奋起，归根到底是因为我们党有远大理想和崇高追求”。[①] 学习这一思想，就要始终坚定共产主义理想、坚守中国特色社会主义自信，不忘初心、牢记使命，做到思想不变质、信念不动摇，不断激发灵魂深处的伟力，用行动践行自己的誓言，凝聚起强大的真理力量与道义力量，为国家富强、民族振兴、人民幸福建立更大功勋。

这种强大的内蕴力，来自于对人民的赤子之心。2014 年 2 月

① 《在庆祝中国共产党成立 95 周年大会上的讲话（2016 年 7 月 1 日）》，人民出版社 2016 年版，第 10 页。

习近平总书记在俄罗斯索契接受俄罗斯电视台专访时说：“我的执政理念，概括起来说就是：为人民服务，担当起该担当的责任。”[1] 2019 年 3 月 22 日，习近平在意大利回答提问时说：“我将无我，不负人民。我愿意做到一个‘无我’的状态，为中国的发展奉献自己。”为人民谋幸福、为民族谋复兴、为世界谋大同，是习近平新时代中国特色社会主义思想的出发点和归宿，也是理解和把握习近平新时代中国特色社会主义思想的金钥匙。学习这一思想，要牢牢掌握这把金钥匙，坚持以人民为中心的发展思想，始终把人民群众的向往作为我们的奋斗目标，为了人民、依靠人民、造福人民，不断增进人民福祉，不断促进社会进步和人的全面发展。

这种强大的内蕴力，来自于奋发有为、勇于担当的精神品质。坚持解放思想、实事求是、与时俱进，这是习近平新时代中国特色社会主义思想的精神特质。习近平总书记指出：“生活从不眷顾因循守旧、满足现状者，从不等待不思进取、坐享其成者，而是将更多机遇留给善于和勇于创新的人们。”[2] 坚持与时俱进、改革创新，是我们党始终与时代发展同步伐、与人民群众共进步的根本原因。学习这一思想，就要始终保持那样一种奋发有为、勇于担当的昂扬精神，保持那种埋头实干、艰苦卓绝的工作作风，努力做到锐意进取、大胆探索、敢于负责、实干兴邦，秉持“功成不必在我”的境界，坚守“功成必定有我”的精神，发挥历史的主动性和创造性，不断有所发现、有所创造、有所前进，不断推进理论创新、实践创新、制度创新。

---

① 《习近平谈治国理政》，外文出版社 2014 年版，第 101 页。

② 《习近平谈治国理政》（第一卷），外文出版社 2018 年版，第 51 页。

作者简介

张磊，经济日报社原副总编辑。北京师范大学硕士研究生毕业。长期从事党的宣传和理论工作，曾任中宣部理论局巡视员兼副局长，并主持中央马克思主义理论研究和建设工程办公室工作。

绪 言

INTRODUCTION

（二）

习近平
新时代中国特色社会主义思想的
辩证逻辑

段虹

习语

我们一定要以我国改革开放和现代化建设的实际问题、以我们正在做的事情为中心，着眼于马克思主义理论的运用，着眼于对实际问题的理论思考，着眼于新的实践和新的发展。

——习近平

《纲要》是对习近平新时代中国特色社会主义思想的全面系统阐述。全面学习和深刻领会《纲要》精神，应当充分认识这一思想的历史性与时代性、合目的性与合规律性、理论性与实践性的辩证统一，从马克思主义辩证分析的角度来深入把握其理论的内涵与精髓。

一、习近平新时代中国特色社会主义思想是历史性与时代性的辩证统一

《纲要》开篇就明确强调了习近平新时代中国特色社会主义思想历史性与时代性的重要意义。《纲要》指出，“把习近平新时代中国特色社会主义思想确立为党必须长期坚持的指导思想并庄严地写入党章，实现了党的指导思想的与时俱进。这是一个历史性决策和历史性贡献”。任何理论的产生都不是一蹴而就的，必然有其历史和时代的原因。习近平新时代中国特色社会主义思想也不是凭空产生的，而是我们党在全面总结历史条件、深刻分析时代问题中探索出来的符合我国实际发展的科学理论。

习近平新时代中国特色社会主义思想，是在中国特色社会主义进入新时代的历史条件下形成的。党的十八大以来，习近平总书记站在党和国家发展的高度，准确把握历史大势，科学总结时代要求，在坚持和发展中国特色社会主义的基础上回答了当今时代和当代中国发展提出的重大理论和现实问题，提出了一系列符合我国国情和人民利益的治国理政新思想、新理念、新战略。党的十九大郑重宣示中国特色社会主义进入了新时代，这意味着我国的发展已经进入了一个新的阶段。之所以称之为新时代，正是在于我国的发展方向、发展目标、发展环境都有了新的变化，我国已经从“未发展起来”过渡到了“发展起来之后”，我国社会的主要矛盾也已经转化为人民日益增长的美好生活需要和不平衡不充分的发展之间的矛盾。社会主要矛盾的变化

对我国的政治、经济、文化、社会、生态建设都提出了更高的要求，我们党和国家也面临着一系列新的挑战。正是在这样的一个历史条件下，习近平新时代中国特色社会主义思想应运而生。

习近平新时代中国特色社会主义思想，是在世界百年未有之大变局和社会主义发展新阶段的时代背景中产生的。当前，世界正处于大发展大变革大调整时期，世界多极化、经济全球化、社会信息化、文化多样化深入发展，各国的经济、政治、文化之间的交流已是空前繁荣。与此同时，金融危机、生态问题、国家治理等一系列的全球性问题也时刻提醒着人们，世界正在发生着前所未有的变化，人类需要新的方向引领和路径选择。此外，自苏联解体、东欧剧变以来，世界社会主义遭到严重打击，有人甚至已经宣称二十一世纪将是资本主义的时代。然而，二十年过去了，中国已经证明并将持续证明，社会主义的旗帜不会因为一点风吹草动就轻易败倒，社会主义正在二十一世纪世界的东方散发着强大的生命力。可以说，世界需要中国，世界社会主义的发展更需要中国，习近平新时代中国特色社会主义思想正是在这样的时代背景下孕育发展的。

二、习近平新时代中国特色社会主义思想是合目的性与合规律性的辩证统一

《纲要》强调，中国特色社会主义是在改革开放四十多年的伟大实践中得来的，是在新中国成立七十年的持续探索中得来的，是在我们党领导人民进行伟大革命九十多年的实践中得来的，是在社会主义五百年波澜壮阔的发展历程中得来的。习近平总书记从中国特色社会主义的源头出发，深入研究人类历史的发展规律，总结了从四十年改革开放到五百年社会主义发展的历史经验，成功开创和发展了中国特色社会主义，形成了习近平新时代中国特色社会主义思想。这一系列

的划分表面看是对我国社会主义发展脉络的梳理，而本质则是对人类社会发展规律的一般性总结，是对人类社会合目的性与合规律性的认识与把握。

人类对自然与社会认识的合规律性是合目的性的基础。习近平总书记运用马克思主义认识论科学地把握我国社会主义发展规律，其目的依然在于实现我们党和国家最根本的初心和使命：为中国人民谋幸福、为中华民族谋复兴。这个目的何时实现、如何实现，则在于我们对自然界一般规律的认识程度、对人类社会一般规律的掌握程度。在自然法则中，目的性不仅仅被看作一种纯粹的“手段”，其背后一定有着一些已知或未知的客观规律。其合规律性是合目的性的基础，合规律性又必然通过合目的性来实现，二者是相辅相成、共同促进的关系。从这个意义上来说，我们党治国理政的一系列理念战略越是符合规律性就越是符合目的性。合规律性是“物”的尺度，合目的性是“人”的尺度。在这里，“物”的尺度就是我们党对自然规律以及人类社会发展规律的认识，“人”的尺度就是在认识规律基础上发挥人的主观能动性，利用规律更好地为我党的治国理政服务、为我国的人民服务，将“必然”的规律转化为“应然”的结果，从而更好地实现党的初心和使命。

习近平新时代中国特色社会主义，是科学社会主义合目的性与合规律性的辩证统一，是当代中国重返世界舞台、引领时代潮流的康庄大道。作为迄今为止人类最理想的社会形态，社会主义实现了对人类社会发展状态最美好的期待，对中国和世界都产生了前所未有的影响。习近平总书记对世界社会主义的把握，直面回答了“新时代坚持和发展什么样的中国特色社会主义，怎样坚持和发展中国特色社会主义”的重大时代课题，实现了人类对自然规律、社会规律与人自身关系的辩证统一，深刻表明了我国坚持社会主义的决心和信心。

三、习近平新时代中国特色社会主义思想是理论性与实践性的辩证统一

《纲要》指出,“党的十八大以来，以习近平同志为主要代表的中国共产党人，顺应时代发展，从理论和实践结合上系统回答了新时代坚持和发展什么样的中国特色社会主义、怎样坚持和发展中国特色社会主义这个重大时代课题，创立了习近平新时代中国特色社会主义思想”。习近平新时代中国特色社会主义思想是对马克思主义真理力量的应用与发展，又一次彰显了中国共产党人实事求是、与时俱进的优秀品质，是理论性与实践性的辩证统一。

我们党历来就重视将理论与实践相结合的工作方法。毛泽东同志最早在《反对本本主义》中就提出了“没有调查就没有发言权”的著名论断。改革开放以来，我们党不断加强理论和实践创新，以坚持和发展中国特色社会主义为主题，形成了从物质文明、精神文明到经济、政治、文化建设的“三位一体”科学定位，在对人类社会规律的广泛探索中又形成了从“四位一体”到“五位一体”总体布局的全面补充，充分体现了我们党对马克思主义认识反复性与无限性的广泛应用。党的十八大以来，我们党统筹推进“五位一体”总体布局，协调推进“四个全面”战略布局，在坚持马克思主义基本原理与科学社会主义的实践结合中，形成了习近平新时代中国特色社会主义思想，再一次验证了我们党重视理论与实践相结合的工作方法，验证了我们党是善于将马克思主义的科学方法与我国的现实实践相结合的政党。党的十九大报告明确指出，全党要深刻领会新时代中国特色社会主义思想的精神实质和丰富内涵，在各项工作中全面准确贯彻落实。紧随其后的，便是十四条构成坚持和发展中国特色社会主义的基本方略，从行动上给予了理论以实践的支撑。

习近平总书记十分重视理论与实践相结合的辩证方法。他强调，“我们一定要以我国改革开放和现代化建设的实际问题、以我们正在做的事情为中心，着眼于马克思主义理论的运用，着眼于对实际问题的理论思考，着眼于新的实践和新的发展”。[①]理论与实践的关系是马克思主义哲学的核心问题。马克思主义哲学认为，实践是我们改造客观世界的物质性活动。理论的学习固然必不可少，但想要“改变世界”，还得依靠具体的、实践的力量。事实证明，正是由于坚持了理论与实践相统一的方法，中国共产党领导的革命、建设、改革才会取得历史性的成就，中国特色社会主义事业才能够在时代的浪潮中经久不衰。深入学习贯彻习近平新时代中国特色社会主义思想就要学习其理论中蕴含的哲学方法和辩证思维，做到知其言更知其义，知其然更知其所以然，努力把每一点都融会贯通，切实做到学思用贯通、知信行统一。

作者简介

段虹，哈尔滨师范大学马克思主义学院院长，教授、博士生导师，黑龙江省马克思主义理论学术交流基地副主任，马克思主义基本原理省级领军人才梯队带头人，黑龙江省高等学校思想政治理论课教学指导委员会副主任委员。主要从事马克思主义人学思想、马克思主义基本原理与当代中国社会问题研究。主持并完成省部级以上研究课题十余项。在研国家社科基金课题一项，发表学术论文六十多篇，出版专著两部。

① 《习近平谈治国理政》（第一卷），外文出版社 2018 年版，第 9 页。

★学习留印 2 抓《纲》有痕★

中国特色社会主义进入了新时代是我国发展新的历史方位

主要依据

1. 是新中国成立以来特别是改革开放以来我国社会发展进步的必然结果。

2. 是我国社会主要矛盾变化的必然结果。

3. 是我们党团结带领全国各族人民开创光明未来的必然要求。

重大意义

1. 近代以来久经磨难的中华民族迎来了从站起来、富起来到强起来的伟大飞跃，迎来了实现中华民族伟大复兴的光明前景。

2. 科学社会主义在二十一世纪的中国焕发出强大生机活力，在世界上高高举起了中国特色社会主义伟大旗帜。

3. 中国特色社会主义道路、理论、制度、文化不断发展，拓展了发展中国家走向现代化的途径，给世界上那些既希望加快发展又希望保持自身独立性的国家和民族提供了全新选择，为解决人类问题贡献了中国智慧和中国方案。

本质内涵

1. 是承前启后、继往开来、在新的历史条件下继续夺取中国特色社会主义伟大胜利的时代。

2. 是决胜全面建成小康社会、进而全面建设社会主义现代化强国的时代。

3. 是全国各族人民团结奋斗、不断创造美好生活、逐步实现全体人民共同富裕的时代。

4. 是全体中华儿女勠力同心、奋力实现中华民族伟大复兴中国梦的时代。

5. 是我国日益走近世界舞台中央、不断为人类作出更大贡献的时代。

社会主要矛盾

人民日益增长的美好生活需要和不平衡不充分的发展之间的矛盾。

第一章

CHAPTER ONE

准确认识和把握
我国社会发展新的历史方位

黄一兵

习语

经过长期努力，中国特色社会主义进入了新时代，这是我国发展新的历史方位。

新时代是中国特色社会主义新时代，而不是别的什么新时代。

中国特色社会主义进入新时代，我国社会主要矛盾已经转化为人民日益增长的美好生活需要和不平衡不充分的发展之间的矛盾。

——习近平

历史方位问题是决定方向、明确路径、选择方略的根本性问题，也是发现问题、分析问题和解决问题，最终实现理论发展和创造的总依据。中国特色社会主义进入新时代，是习近平新时代中国特色社会主义思想的立论基础，也是这一思想的重大理论创新成果。《纲要》系统介绍了习近平总书记关于我国社会发展新的历史方位的重要论述，深刻揭示了这一科学判断的实践依据、基本内涵、本质特征和深远影响。新的历史条件下，准确认识和把握我国社会发展新的历史方位，对于既不脱离实际，又不超越阶段，按照新时代要求制定大政方针、完善发展战略，不断增强工作的原则性、系统性、预见性、创造性具有十分重要的意义。

习近平总书记指出，经过长期努力，中国特色社会主义进入了新时代，这是我国发展新的历史方位。作出这个重大判断，是改革开放以来我国社会进步的必然结果，是我国社会主要矛盾运动的必然结果，是我们党团结带领全国各族人民开创光明未来的必然要求。

一、党的十八大以来党和国家事业发生了历史性变革，我国发展站到了新的历史起点上，中国特色社会主义进入了新的发展阶段

党的十八大开启的新的发展阶段，既同改革开放近 40 年来的发展一脉相承，又有新的特点，党的执政方式和基本方略有重大创新，发展理念和发展方式有重大转变，发展环境和发展条件发生深刻变化，发展水平和发展要求变得更高了。党的十八大以来，以习近平同志为核心的党中央，坚定不移全面加强党的领导，党的凝聚力、战斗力和领导力、号召力极大增强；坚定不移贯彻新发展理念，建设现代化经济体系，经济建设取得重大成就，发展质量和效益不断提升；坚定不移全面深化改革，改革全面发力、多点突破、纵深推进，国家治理体系和治理能力现代化水平明显提升；坚定不移全面推进依

法治国，党运用法律手段领导和治理国家的能力显著增强；坚定不移推进思想文化建设，加强党的理论创新，全党全社会思想上的团结统一更加巩固；坚定不移推进社会建设，坚持保障和改善民生，人民生活水平不断提高，全面建成小康社会的目标不断靠近，社会治理体系更加完善；坚定不移推进生态文明建设，美丽中国建设迈出重要步伐；坚定不移推进国防和军队现代化，实现人民军队革命性重塑；坚定不移推进中国特色大国外交，形成全方位、多层次、立体化的外交布局，营造我国发展的良好外部条件；坚定不移推进全面从严治党，着力解决人民群众反映最强烈、对党的执政基础威胁最大的突出问题，党自我净化、自我完善、自我革新、自我提高能力显著增强，党的执政基础和群众基础更加巩固。中国日益走近世界舞台中央，对世界的影响力、感召力、塑造力日益增强。

新的发展阶段和新的发展成就昭示着中华民族迎来了实现伟大复兴的光明前景。近代以来的中华民族，经历了战乱频仍、山河破碎、民不聊生的深重苦难。我们党一经成立，就义无反顾肩负起实现中华民族伟大复兴的历史使命。经过浴血奋战，完成新民主主义革命，实现了中国从几千年封建专制政治向人民民主的伟大飞跃；领导建立符合我国实际的社会主义制度，推进社会主义建设，实现了中华民族由近代不断衰落到根本扭转命运、持续走向繁荣富强的伟大飞跃；实行改革开放，极大改变了中国的面貌、中华民族的面貌、中国人民的面貌、中国共产党的面貌。中华民族迎来了从站起来、富起来到强起来的伟大飞跃！中国特色社会主义迎来了从创立、发展到完善的伟大飞跃！中国人民迎来了从温饱不足到小康富裕的伟大飞跃！中华民族正以崭新姿态屹立于世界的东方。实践充分证明，今天，我国已经进入了一个比历史上任何时期都更接近中华民族伟大复兴的目标，比历史上任何时代都更有信心、更有能力实现这个目标的新时代。

二、党的理论创新实现了新的与时俱进，在马克思主义中国化进程中具有鲜明时代特色，开辟了马克思主义中国化新境界

理论的生命力在于不断创新，推动马克思主义不断发展是中国共产党人的神圣职责。以习近平同志为核心的党中央坚持用马克思主义观察时代、解读时代、引领时代，用鲜活丰富的当代中国实践来推动马克思主义发展，用宽广视野吸收人类创造的一切优秀文明成果，坚持在改革中守正出新、不断超越自己，在开放中博采众长、不断完善自己，不断深化对共产党执政规律、社会主义建设规律、人类社会发展规律的认识，创立了习近平新时代中国特色社会主义思想。

当今世界正经历百年未有之大变局。经济社会发展联系日益密切，全球治理体系和国际秩序变革加速推进。同时，不稳定性不确定性突出，风险挑战加剧。面对世界经济、国家安全、国际治理等一系列重大问题，世界需要新的方向、新的方案、新的选择。在这样的时代背景下，中国的发展理念、发展道路的影响力显著增强，中华文化中所蕴含的天下为公、求同存异、和合共生等理念越来越显示出独特价值，正日益赢得国际社会的广泛理解认同。习近平新时代中国特色社会主义思想正是在这样的时代背景下应运而生的。

科学社会主义在二十一世纪的中国焕发出强大生机活力。世界社会主义五百年，深刻改变着世界历史的发展进程。二十世纪八十年代末九十年代初，世界社会主义遭受严重曲折，中国特色社会主义的前途命运面临着严峻考验。在党的坚强有力领导下，二十多年过去，中国不但在世界上把社会主义的旗帜举住了、举稳了，而且开辟了科学社会主义的新境界，形成了道路、理论、制度、文化“四位一体”有机统一的科学体系，实现了经济、政治、文化、社会、生态文明五大建设的统筹推进，社会主义的影响力感召力大大增强。对

科学社会主义的理论思考、经验总结，对坚持和发展中国特色社会主义的担当和探索，贯穿习近平新时代中国特色社会主义思想形成的全过程。

中国共产党经历深刻的革命性锻造。以习近平同志为核心的党中央，清醒分析党面临的“四大考验”“四种危险”，带领全党以自我革命的勇气，正风肃纪反腐，挽狂澜于既倒，党的建设新的伟大工程全方位加强，党内政治生活气象更新，党内政治生态不断改善，党在新时代新征程中焕发出更加强大的生机活力。习近平新时代中国特色社会主义思想，正是在不断推进党的自我革命，实现党自我净化、自我完善、自我革新、自我提高的过程中创立并不断丰富发展的。

三、从党的十九大到党的二十大，是“两个一百年”奋斗目标的历史交汇期。我们既要全面建成小康社会、实现第一个百年奋斗目标，又要乘势而上开启全面建设社会主义现代化国家新征程，向第二个百年奋斗目标进军

从当代中国的现实来看，新的奋斗目标和行动纲领，集中体现了时代和实践发展对党和国家工作的新要求。当前，我国发展仍处于重要战略机遇期，具有许多有利的发展条件。同时，全面建成小康社会进入决胜阶段，改革进入攻坚期和深水区，法治国家建设进入新的征程，从严治党进入向纵深发展的关键阶段，“发展起来后”与“欠发展”的各种问题交织叠加，经济发展新常态下各种挑战不断凸显。“时”和“势”总体有利，“艰”和“险”正在增多。“两个一百年”的战略目标和行动纲领，正是党中央适应我国发展新要求，站在时代前沿进行的战略思考、战略谋划、战略部署。从人民群众的愿望和期盼来看，新的奋斗目标和行动纲领，还集中顺应了人民日益增长的美好生活需要。人民对美好生活的向往，就是我们的奋斗目标。随

着我国迈入中等收入国家行列，人民群众对美好生活的愿景不断提升。人们期待各项改革全面推进，期盼经济更有活力，生活更有保障，权益得到更好维护，政府更加高效清廉，社会更加和谐，生态环境更加美好。习近平新时代中国特色社会主义思想充分回应了人民群众过上更好生活的新期待，体现了全国各族人民的共同愿望和根本利益。

身处“两个一百年”奋斗目标的历史交汇期，就意味着我们要把奋斗的着眼点放在未来、放在整个二十一世纪。习近平总书记深刻指出：“世界潮流，浩浩荡荡，顺之则昌，逆之则亡。”[①] 要跟上前进步伐，就不能身体已进入二十一世纪，而脑袋还停留在过去。而“脑袋”的与时俱进，就是思想的与时俱进。习近平新时代中国特色社会主义思想，就是一个与时俱进的思想体系，就是面对二十一世纪进行具有许多新的历史特点的伟大斗争而准备的制胜法宝。

四、我国社会主要矛盾发生了变化，已经转化为人民日益增长的美好生活需要和不平衡不充分的发展之间的矛盾。经济建设依然是党和国家的中心工作，但更要注重提高发展质量，更要注重抓全面发展

社会主义改造完成后，我国社会主要矛盾一直是人民日益增长的物质文化需要同落后的社会生产之间的矛盾。党的八大和十一届六中全会先后对此作了确认。党的十九大根据国际国内发展大势，明确我国社会主要矛盾已经转化为人民日益增长的美好生活需要和不平衡不充分的发展之间的矛盾。形象地说，我们正从“做大蛋糕”、物质追求向“分好蛋糕”、全面发展转化。在社会生产力总体水平低下的时

① 《习近平谈治国理政》（第一卷），外文出版社 2018 年版，第 248 页。

代，社会发展首先要保证的是人们能够获得基本的物质财富。因此关键是快速发展生产力，做大经济蛋糕。而当经济总量达到一定程度时，如何提升经济的质量、如何公平地分配蛋糕，就成为主要问题。同时，物质文明是精神文明、政治文明、社会文明和生态文明的基础。当社会物质文明达到一定高度后，人们对包括精神文明、政治文明、社会文明和生态文明在内的全面发展的追求，成为更高层次的需求。经过长期努力，我国社会生产力水平得到了极大提高，国内生产总值（GDP）总量位居世界第二，不仅总体物质财富比较丰富，而且即将全面解决困扰中华民族数千年的贫困问题。在这种情况下，我国社会发展站到了新的历史起点上，那就是追求更高水平的、更美好的生活。所有人都有追求美好生活的权利，但由于发展起点不相同、发展速度不相等、发展程度不均衡，人民群众对美好生活的很多需求尚且没有得到满足或者没有得到充分满足。这就是新的历史起点上的发展要解决的问题。

我国社会主要矛盾的变化意味着，我国生产力水平和人民生活水平已经显著提高，物质层面的供求不平衡矛盾已经解决，下一步发展的着眼点，是在继续保持社会生产力发展进步的同时，让更多人对美好生活和全面发展的需求得到更大程度的满足。这是新中国历史上从未有过的新局面。

需要说明的是，新时代是从党和国家事业发展的角度提出来的，不是历史学上时代划分的概念。用新时代界定当前我国发展新的历史方位，有利于进一步统一思想、凝聚力量，在新的起点上把中国特色社会主义事业推向前进。

作者简介

黄一兵，法学博士，研究员，中央党史和文献研究院第一研究部主任，全国宣传文化系统“四个一批”人才，国家“万人计划”第一批哲学社会科学领军人才，中央马克思主义理论研究和建设工程课题组主要成员，国务院政府特殊津贴专家。参与《中国共产党历史》第一卷、第二卷及《中国共产党的九十年》编写。

★学习留印 3 抓《纲》有痕★

中国特色社会主义是当代中国发展进步的根本方向

基本概念

中国特色社会主义是科学社会主义理论逻辑和中国社会发展历史逻辑的辩证统一，是当代中国大踏步赶上时代、引领时代发展的康庄大道，是中国共产党和中国人民团结的旗帜、奋进的旗帜、胜利的旗帜。中国特色社会主义是社会主义，不论怎么改革、怎么开放，都始终坚持中国特色社会主义道路、理论、制度、文化，全面贯彻党的基本理论、基本路线、基本方略。

总体布局

“五位一体”

经济建设　政治建设　文化建设　社会建设　生态文明建设

战略布局

“四个全面”

全面建成小康社会　全面深化改革　全面依法治国　全面从严治党

最鲜明的特色

改革开放以来，我们取得的一切成绩和进步都归结于，开辟了中国特色社会主义道路，形成了中国特色社会主义理论体系，确立了中国特色社会主义制度，发展了中国特色社会主义文化。中国特色社会主义道路是实现途径，中国特色社会主义理论体系是行动指南，中国特色社会主义制度是根本保障，中国特色社会主义文化是精神力量，四者统一于中国特色社会主义伟大实践。

根本立场

坚持以人民为中心

要求做到永远把人民对美好生活的向往作为奋斗目标。依靠人民创造伟业。朝着实现全体人民共同富裕不断迈进。此外，群众路线是党的生命线和根本工作路线。

奋斗目标

实现中华民族伟大复兴的中国梦

这是中华民族近代以来最伟大的梦；中国共产党义无反顾肩负起实现中华民族伟大复兴的历史使命；中国梦的本质是国家富强、民族振兴、人民幸福；实现伟大梦想必须进行伟大斗争、建设伟大工程、推进伟大事业。

战略安排

分步走全面建成社会主义现代化强国

建设社会主义现代化强国是我们党确立的伟大的目标。

全面建成小康社会是“两个一百年”奋斗目标的第一个百年奋斗目标，实现这一宏伟目标，标志着我们向全面建成社会主义现代化强国迈出至关重要的一步。

以习近平同志为核心的党中央综合分析国际国内形势和我国发展条件，对新时代推进社会主义现代化建设作出新的顶层设计，提出从二〇二〇年到本世纪中叶，在全面建成小康社会的基础上，分“两步走”全面建成社会主义现代化强国。

第一个阶段

从二〇二〇年到二〇三五年，在全面建成小康社会的基础上，再奋斗十五年，基本实现社会主义现代化。

第二个阶段

从二〇三五年到本世纪中叶，在基本实现现代化的基础上，再奋斗十五年，把我国建成富强民主文明和谐美丽的社会主义现代化强国。为实现新时代两步走战略安排，需全面用好我国发展的重要战略机遇期。

领导力量

中国共产党

中国共产党领导是中国特色社会主义最本质的特征和中国特色社会主义制度的最大优势。中国共产党是中国特色社会主义事业的领导核心。坚持党对一切工作的领导，是党和国家的根本所在、命脉所在，是全国各族人民的利益所在、幸福所在。要坚决维护习近平总书记党中央的核心、全党的核心地位，坚决维护党中央权威和集中统一领导，坚持完善党的领导的体制机制，全面增强党的执政本领。

根本动力

全面深化改革

改革开放

是 决定当代中国命运的关键一招。

是 我们党的一次伟大觉醒。

是 中国人民和中华民族发展史上一次伟大革命。

是 党和人民大踏步赶上时代的重要法宝。

是 坚持和发展中国特色社会主义的必由之路。

全面社会改革是有方向、有立场、有原则的：

必须充分发挥党总揽全局、协调各方的领导核心作用，坚持走中国特色社会主义道路不动摇，坚持社会主义基本制度不动摇，坚持党的领导不动摇，确保改革开放始终沿着正确的方向前进。要着重推进国家治理体系和治理能力现代化，要坚持正确方法论，注重系统性、整体性、协同性，积极推动全面深化改革落地生根。

本质要求

全面推进依法治国

这是坚持和发展中国特色社会主义的本质要求和重要保障，事关我们党执政兴国、人民幸福安康、党和国家事业发展。

这是解决党和国家事业发展面临的一系列重大问题，解放和增强社会活力、促进社会公平正义、维护社会和谐稳定、确保党和国家长治久安的根本要求。

这是一个系统工程，是国家治理领域的一场广泛而深刻的革命。

必须坚定不移走中国特色社会主义法治道路，积极建设中国特色社会主义法治体系，维护社会公平、司法公正，在党的领导下依法治国、厉行法治。

第二章

CHAPTER TWO

从三大逻辑把握坚持和发展中国特色社会主义

辛向阳

习语

中国特色社会主义不是从天上掉下来的，是党和人民历尽千辛万苦、付出巨大代价取得的根本成就。

中国特色社会主义，既坚持了科学社会主义基本原则，又根据时代条件赋予其鲜明的中国特色。这就是说，中国特色社会主义是社会主义，不是别的什么主义。

新时代中国特色社会主义是我们党领导人民进行伟大社会革命的成果，也是我们党领导人民进行伟大社会革命的继续，必须一以贯之进行下去。

——习近平

《纲要》对当代中国发展进步的根本方向进行了全面阐述。深入学习《纲要》精神，应当从历史逻辑、现实逻辑和未来逻辑上来科学把握坚持和发展中国特色社会主义这一改革开放以来党的全部理论和实践的主题。

一、从历史逻辑看，中国特色社会主义是历史发展规律的必然趋向，更是人民创造历史的必然选择

《纲要》一再强调，中国特色社会主义是历史的结论、人民的选择。中国特色社会主义具有深厚的历史渊源和广泛的现实基础，它是在改革开放四十多年的伟大实践中得来的。改革开放以来，我们党把马克思主义基本原理与中国实际结合起来，走自己的路，形成了中国特色社会主义；是在中华人民共和国成立七十年的持续探索中得来的，党在社会主义建设中取得的独创性理论成果和巨大成就，为新的历史时期开创中国特色社会主义提供了宝贵经验、理论准备、物质基础；是在我们党领导人民进行伟大社会革命九十多年的实践中得来的，九十多年的历史告诉我们，只有社会主义才能救中国，只有中国特色社会主义才能发展中国；是在近代以来中华民族由衰到盛一百七十多年的历史进程中得来的，这一历史进程告诉我们，只有坚持和发展中国特色社会主义，才能实现中华民族伟大复兴，才能使中华民族真正屹立于世界民族之林；是在世界社会主义五百年波澜壮阔的发展历程中得来的，世界社会主义经过了从空想到科学、从理论到实践、从一国实践到多国实践发展的历程，又经历了苏联解体、东欧剧变，五百年后的今天，中国特色社会主义蒸蒸日上，一派生机盎然；是在对中华民族五千多年的传承发展中得来的，中华优秀传统文化是我们最深厚的文化软实力，也是中国特色社会主义植根的文化沃土。

中国特色社会主义是从历史中得来的，但不是守株待兔得来的，

而是通过伟大奋斗得来的，是中国共产党领导人民不断进行伟大创造得来的，是历尽千辛万苦得来的。党的十一届三中全会以后，以邓小平同志为主要代表的中国共产党人，科学回答了建设中国特色社会主义的一系列基本问题，成功开创了中国特色社会主义。党的十三届四中全会以后，以江泽民同志为主要代表的中国共产党人，在严峻考验面前捍卫了中国特色社会主义，开创全面改革开放新局面，成功把中国特色社会主义推向二十一世纪。党的十六大以后，以胡锦涛同志为主要代表的中国共产党人，抓住重要战略机遇期，在全面建设小康社会进程中推进实践创新、理论创新、制度创新，成功在新的历史起点上坚持和发展了中国特色社会主义。党的十八大以来，以习近平同志为核心的党中央深刻回答了新时代坚持和发展什么样的中国特色社会主义、怎样坚持和发展中国特色社会主义这个重大时代课题，推动党和国家事业发生历史性变革、取得历史性成就，中国特色社会主义进入了新时代。

二、从现实逻辑看，中国特色社会主义的实质是科学社会主义，既有总体布局和战略布局，又有四大自信

《纲要》明确指出，中国特色社会主义是社会主义，不是别的什么主义。这一论断的提出是有很强现实针对性的。近些年来，国内外有些舆论提出中国现在搞的究竟还是不是社会主义的疑问，有人说是“资本社会主义”，还有人干脆说是“国家资本主义”“新官僚资本主义”。甚至还有人说是“原始积累的资本主义”“野蛮的资本主义”。总之，给中国特色社会主义扣了很多顶帽子，试图让中国改向、改道，改到资本主义的邪路上去。针对这些说辞，习近平新时代中国特色社会主义思想旗帜鲜明地指出，这些都是完全错误的。中国特色社会主义，是科学社会主义理论逻辑和中国社会发展历史逻辑的辩证统

一，是根植于中国大地、反映中国人民意愿、适应中国和时代发展进步要求的科学社会主义。科学社会主义基本原则是中国特色社会主义的精神根基，离开了科学社会主义基本原则，那就不成其为中国特色社会主义。

坚持科学社会主义基本原则，发展中国特色社会主义事业就要统筹推进总体布局和协调推进战略布局。《纲要》指出，“五位一体”总体布局和“四个全面”战略布局相互促进、统筹联动，从全局上确立了新时代坚持和发展中国特色社会主义的战略规划和部署。这两大布局都是对中国特色社会主义发展规律的深刻把握。中国特色社会主义事业总体布局要求我们坚持以经济建设为中心，促进经济、政治、文化、社会、生态文明建设各方面相协调，推动生产关系与生产力、上层建筑与经济基础相适应，这是我们党对社会主义建设规律在实践和认识上不断深化的重要成果。“四个全面”战略布局，是我们党站在新的历史起点上把握我国发展新特征确定的治国理政新方略，是深刻把握改革开放和社会主义现代化建设规律而提出来的。“五位一体”总体布局和“四个全面”战略布局都是对社会主义建设规律的科学把握，要求我们要树立整体思维和战略思维，把握长远性和战略性、整体性与系统性，使中国特色社会主义事业避免出现颠覆性错误。

把握客观规律的同时，要发挥主观能动性，就要坚定中国特色社会主义的“四个自信”。坚定“四个自信”能够使我们发挥出冲天干劲。中国特色社会主义是由道路、理论、制度、文化“四位一体”构成的，道路是实现途径，理论是行动指南，制度是根本保障，文化是精神力量。中国特色社会主义道路是实现中华民族伟大复兴的必由之路，是创造人民美好生活的必由之路，人民日益增长的美好生活的需要和新期盼都会在这一道路上不断实现；中国特色社会主义理论体系是指导党和人民实现伟大复兴的正确理论，是立足时代前沿、与时俱进的科学理论，是始终为中国发展廓清迷雾、指明前进方向的思想指南；中国特色社会主义制度是当代中国发展进步的根本制度保障，是具有鲜明中国特色、明显制度优势、强大自我完善能力的先进制度，是既能够保持国家政治稳定性，又能够促进发展活力性的制度体系；中国特色社会主义文化积淀着中华民族最深沉的精神追求，代表着中华民族独特的精神标识，是激励全国人民奋勇前进的强大精神力量，源自于中华民族五千多年文明历史所孕育的中华优秀传统文化，熔铸于党领导人民在革命、建设、改革中创造的革命文化和社会主义先进文化。

三、从未来逻辑看，坚持和完善中国特色社会主义就要丰富和发展二十一世纪中国的马克思主义，要一以贯之地把伟大社会革命进行到底

《纲要》深刻指出，坚持和发展中国特色社会主义，必须增强理论自信和战略定力，发展二十一世纪中国的马克思主义。中国特色社会主义发展得好，一个重要原因就是我们党始终坚持马克思主义基本原理，同时与时俱进地发展马克思主义。在人类思想史上，还没有一种理论像马克思主义那样对人类文明进步产生了如此广泛而巨大的影响。习近平总书记强调："马克思主义就是我们共产党人的'真经'，'真经'没念好，总想着'西天取经'，就要贻误大事！"① 我们任何时候都要坚定马克思主义信仰，在守正中推进理论创新。

有了马克思主义的魂，我们就能够真正做到坚持和发展中国特色社会主义一以贯之。我们深知，新时代中国特色社会主义是我们党领

① 《在全国党校工作会议上的讲话（2015 年 12 月 11 日）》，人民出版社 2016 年版，第 15 页。

导人民进行伟大社会革命的成果，也是我们党领导人民进行伟大社会革命的继续。全党同志只有保持充沛革命精神、革命斗志，勇于进行伟大的自我革命，勇于把我们党领导人民进行了九十八年的伟大社会革命继续推进下去，才能使中国特色社会主义展现出更加强大、更有说服力的真理力量、道德力量。在未来，无论遇到多大困难和挑战，无论取得什么样的伟大成就，我们都决不能因为胜利而骄傲，决不能因为成就而懈怠，决不能因为困难而退缩。只有这样，我们才能无往而不胜。

作者简介

辛向阳，中共党员，山东安丘人，法学博士，中国社科院马克思主义研究院副院长、二级研究员、博士生导师。2012 年获得国务院政府特殊津贴，2013 年当选为国家社科基金评委。2015 年被评为中宣部宣传文化系统“四个一批”人才，2016 年被评为中组部、人社部的“万人计划”领军人才。

第三章

CHAPTER THREE

从四个视角理解以人民为中心

天津市中国特色社会主义理论体系研究中心

习语

人民对美好生活的向往，就是我们的奋斗目标。

时代是出卷人，我们是答卷人，人民是阅卷人。

群众路线是我们党的生命线和根本工作路线，是我们党永葆青春活力和战斗力的重要传家宝。

——习近平

《纲要》第三部分指出，坚持以人民为中心是新时代坚持和发展中国特色社会主义的根本立场。坚持以人民为中心，不仅贯穿习近平新时代中国特色社会主义思想的形成过程和全部内容，而且是习近平新时代中国特色社会主义思想这一宏大理论体系的重要组成部分。党的十八大以来，习近平总书记关于坚持以人民为中心作了许多重要论述，形成了内涵丰富的思想体系。牢牢坚守以人民为中心的根本立场，必须首先深刻理解坚持以人民为中心的丰富内涵。

一、哲学视角：人民是历史创造者，必须始终把全心全意为人民服务作为党的根本宗旨

历史唯物主义认为，人民是历史的真正创造者，是推动历史前进的真正动力。2012 年 11 月 15 日，习近平总书记在新任政治局常委与记者见面会上强调："人民是历史的创造者，群众是真正的英雄。"①2016 年 1 月 18 日，习近平总书记在省部级主要领导干部学习贯彻党的十八届五中全会精神专题研讨班上指出："着力践行以人民为中心的发展思想。这是党的十八届五中全会首次提出来的，体现了我们党全心全意为人民服务的根本宗旨，体现了人民是推动发展的根本力量的唯物史观。"②2017 年 10 月 18 日，习近平总书记在党的十九大报告中指出："人民是历史的创造者，是决定党和国家前途命运的根本力量。"③习近平总书记关于"人民是历史的创造者"的重要论述，阐明了坚持以人民为中心的哲学内涵。

---

① 《习近平谈治国理政》，人民出版社 2014 年版，第 5 页。

② 《在省部级主要领导干部学习贯彻党的十八届五中全会精神专题研讨班上的讲话（2016 年 1 月 18 日）》，人民出版社 2016 年版，第 24 页。

③ 《决胜全面建成小康社会　夺取新时代中国特色社会主义伟大胜利——在中国共产党第十九次全国代表大会上的报告（2017 年 10 月 18 日）》，人民出版社 2017 年版，第 21 页。

“人民是历史的创造者”要求我们，必须始终把全心全意为人民服务作为党的根本宗旨。全心全意为人民服务，是我们党区别于其他一切政党的根本标志。我们党必须始终把全心全意为人民服务作为根本宗旨，把以人民为中心贯彻到新时代党的建设的全过程，努力把党建设成人民始终衷心拥护的马克思主义执政党。一是要夯实全党理想信念宗旨的思想根基。理想信念是共产党人的精神支柱和政治灵魂。要以开展“不忘初心、牢记使命”主题教育的契机，真正使理想信念宗旨教育入脑入心、触及灵魂，补精神之钙、固思想之元、守初心之纯、强担当之责。二是要持之以恒加强作风建设。党要厚植执政基础必须作风过硬。要巩固拓展落实中央八项规定精神成果，继续整治“四风”突出问题，使党员干部习惯在受监督和约束的环境中工作生活。三是要夺取新时代反腐败斗争压倒性胜利。人民群众最痛恨腐败现象。要继续强化不敢腐的震慑、扎牢不能腐的笼子、增强不想腐的自觉，坚持无禁区、全覆盖、零容忍，重遏制、强高压、长震慑，织密制度笼子，高擎巡视巡察利剑，坚定不移“打虎”“拍除蝇”，以坚如磐石的决心推动反腐败斗争向压倒性胜利转化。

二、政治视角：人民是国家的主人，必须始终把党的群众路线贯彻到治国理政全部活动

在社会主义中国，人民是国家的主人，国家的一切权力属于人民。2013 年 12 月 26 日，习近平总书记在纪念毛泽东同志诞辰 120 周年座谈会上指出：“中华人民共和国的成立，使中国人民成为国家、社会和自己命运的主人。”[①] 2014 年 9 月 30 日，习近平总书记在庆祝中华人民共和国成立 65 周年招待会上指出：“中华人民共和国的诞生，使

① 《在纪念毛泽东同志诞辰 120 周年座谈会上的讲话（2013 年 12 月 26 日）》，人民出版社 2013 年版，第 6 页。

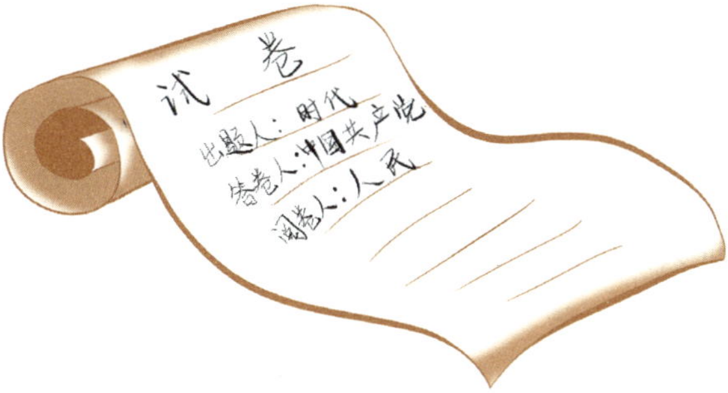

亿万中国人民成了国家、社会和自己命运的主人，满怀豪情开始了实现国家富强、民族振兴、人民幸福的伟大征程。”[①] 2015年4月28日，习近平总书记在庆祝“五一”国际劳动节暨表彰全国劳动模范和先进工作者大会上指出：“新中国成立后，我国工人阶级成为国家的领导阶级，我国工人阶级和广大劳动群众成为国家的主人。”[②] 习近平总书记关于“人民是国家的主人”的重要论述，阐明了坚持以人民为中心的政治内涵。

“人民是国家的主人”要求我们，必须始终把党的群众路线贯彻到治国理政的全部活动中去。《中华人民共和国宪法》明确规定：中华人民共和国的一切权力属于人民，人民行使国家权力的机关是全国人民代表大会和地方各级人民代表大会。我们要不断加强社会主义民主政治建设，坚持党的领导、人民当家作主、依法治国有机统一。

① 《十八大以来重要文献选编》（中），中央文献出版社2016年版，第79页。
② 《在庆祝“五一”国际劳动节暨表彰全国劳动模范和先进工作者大会上的讲话（2015年4月28日）》，人民出版社2015年版，第2页。

党的领导是人民当家作主和依法治国的根本保证，没有党的领导，就不可能把广大人民群众的积极性、主动性、创造性充分调动起来，也就不可能形成统一意志推进改革开放和中国特色社会主义事业。人民当家作主是社会主义民主政治的本质特征，发展社会主义民主政治必须始终牢记马克思主义群众观点，坚持以人民为中心的发展思想，着眼于一切相信群众、一切依靠群众、一切为了群众，以健全的制度体系保证人民当家作主。依法治国是党领导人民治理国家的基本方式，人民在党的领导下通过宪法和法律来治理国家、管理社会事务，实现当家作主的民主权利。只有坚持三者的有机统一，才能充分发挥社会主义民主政治的优势，才能全面提升我国物质文明、政治文明、精神文明、社会文明、生态文明，才能促进人的全面发展、逐步实现共同富裕，才能推动实现社会主义现代化和中华民族伟大复兴。

三、经济视角：人民是改革的主体，必须始终把以人民为中心体现到经济社会各个环节

人民是推动国家进步的决定力量，也是推动改革的主体力量。2013 年 12 月 26 日，习近平总书记在纪念毛泽东同志诞辰 120 周年座谈会上指出：“历史反复证明，人民群众是历史发展和社会进步的主体力量。”[①] 2016 年 1 月 18 日，习近平总书记在省部级主要领导干部学习贯彻党的十八届五中全会精神专题研讨班上指出：“以人民为中心的发展思想，不是一个抽象的、玄奥的概念，不能只停留在口头上、止步于思想环节，而要体现在经济社会发展各个环节。”[②] 2018 年 4 月 13 日，习近平总书记在庆祝海南建省办经济特区 30 周年大会上指出：

① 《在纪念毛泽东同志诞辰 120 周年座谈会上的讲话（2013 年 12 月 26 日）》，人民出版社 2013 年版，第 18 页。

② 《在省部级主要领导干部学习贯彻党的十八届五中全会精神专题研讨班上的讲话（2016 年 1 月 18 日）》，人民出版社 2016 年版，第 24 页。

“人民是改革的主体，要坚持一切为了人民、一切依靠人民，发挥好广大人民群众的积极性、主动性、创造性，使广大人民群众成为推动改革开放的强大力量。”① 习近平总书记关于“人民是改革的主体”的重要论述，阐明了坚持以人民为中心的经济内涵。

“人民是改革的主体”要求我们，必须始终把以人民为中心体现到经济社会各个环节。一方面，要充分尊重和发挥人民首创精神。中国梦归根结底是人民的梦，必须靠人民来实现。人民身处生产和生活第一线，对自身面临的问题、矛盾和条件有切身感受，对解决问题的方向、方式和方法有明确判断。只有尊重和发挥人民首创精神，允许、尊重和鼓励基层探索，才能更好集合人民智慧，更好满足人民需求；只有充分调动起人民群众干事创业的积极性，推进中国特色社会主义伟大事业才能拥有不竭的力量源泉。另一方面，要加强顶层设计。不同地方的人们由于环境、位置和眼界所限，容易从局部和短期看问题，得出的结论和办法自然带有一定局限性。顶层设计管方向、管战略。加强顶层设计有利于引导人们正确认识眼前利益与长远利益、个人利益与集体利益、局部利益与整体利益，是坚持以人民为中心的深层次体现。只有对各个地方的探索进行总结、提炼和升华，加强宏观思考和顶层设计，才能使各种改革措施更具系统性、整体性、协同性，才能使中国这艘巨轮在实现中国梦的预定轨道上前进，不偏离航线。

四、社会视角：让人民过上好日子，必须始终把人民对美好生活的向往作为奋斗目标

追求美好生活是人民的权利，让人民过上好日子是我们共产党人的初心、宗旨。2015 年 11 月 20 日，习近平总书记在纪念胡耀邦同

---

① 《在庆祝海南建省办经济特区 30 周年大会上的讲话（2018 年 4 月 13 日）》，人民出版社 2018 年版，第 5 页。

志诞辰100周年座谈会上强调，改革开放的根本目的就是要让人民过上好日子，我们共产党员要时时刻刻为人民着想，使人民尽快富裕起来。2017年11月10日，习近平总书记在亚太经合组织工商领导人峰会上的主旨演讲中指出，让人民过上好日子，是我们一切工作的出发点和落脚点。我们将坚持在发展中保障和改善民生，不断满足人民日益增长的美好生活需要，不断促进社会公平正义，使人民获得感、幸福感、安全感更加完善、更有保障、更可持续。习近平总书记关于“让人民过上好日子”的重要论述，阐明了坚持以人民为中心的社会内涵。

“让人民过上好日子”要求我们，必须始终把人民对美好生活的向往作为奋斗目标。当前我国社会主要矛盾的性质和特点发生了很大变化，人民的需求已从对物质文化的需要变为对美好生活的需要，因而必须让改革成果更多更公平惠及全体人民。一是要坚持在发展中保障和改善民生。既要做大蛋糕，又要分好蛋糕，在发展中补齐民生短板、促进社会公平正义，不断促进全体人民共同富裕。二是要打赢脱贫攻坚战，提高人民生活水平。既要坚持就业优先战略和积极就业政策，实现更高质量和更充分就业，又要坚持在经济增长的同时实现居民收入同步增长、在劳动生产率提高的同时实现劳动报酬同步提高。三是要促进社会性流动，提高中等收入群体比重。既要通过深化户籍制度改革，加快农业转移人口市民化进程，又要依靠政府搭建社会纵向流动的阶梯，鼓励人人向上。四是要完善公共服务体系，促进社会公平正义。既要深化收入分配制度改革，调节收入分配，又要通过基本公共服务均等化、社会政策托底、保护弱势群体等方式保障基本民生，使发展成果惠及所有社会群体。与此同时，我国虽然进入中国特色社会主义新时代，但还没有从根本摆脱经济不发达的状态，仍然带有社会主义初级阶段的特征，因而必须坚持以经济建设为中心，把发展作为执政兴国的第一要务，在坚持以经济建设为中心与满足人民美好生活需要有机统一中把为民造福伟业推向前进。

作者简介

天津市中国特色社会主义理论体系研究中心，是中央宣传部直接联系指导的15家国家级研究中心之一。“中心”以“国家工程、天津基地”为标准，坚持“一中心、多基地”发展模式，统筹在津高校、科研院所等一线科研力量，紧密围绕学习研究宣传阐释习近平新时代中国特色社会主义思想这一主题，深入开展课题研究和学术活动。执笔人：孙明增。

第四章

CHAPTER FOUR

中国梦的权威解读和科学指南

张国祚

习语

实现中华民族伟大复兴，就是中华民族近代以来最伟大的梦想。

中国梦不是镜中花、水中月，不是空洞的口号，其最深沉的根基在中国人民心中。

行百里者半九十。中华民族伟大复兴，绝不是轻轻松松、敲锣打鼓就能实现的。全党必须准备付出更为艰巨、更为艰苦的努力。

——习近平

《纲要》第四部分是关于新时代坚持和发展中国特色社会主义的奋斗目标，并将其概括为“实现中华民族伟大复兴的中国梦”。围绕这一主题，《纲要》遵循习近平新时代中国特色社会主义思想，回答了人们普遍关心的一系列重要问题。

一、什么是中国梦？中华民族为什么要前仆后继追求“伟大复兴中国梦”？

当今中国和当今世界，中国梦不仅是一个出现频率很高、极富吸引力的政治术语，也是包含深刻内涵的一个理论。《纲要》首先对上述两个问题作出了回答。

《纲要》写道：“中国梦的本质是国家富强、民族振兴、人民幸福。”国家富强，就是要全面建成小康社会，并在此基础上建设富强民主文明和谐美丽的社会主义现代化强国；民族振兴，就是要使中华民族更加坚强有力地自立于世界民族之林，为人类作出新的更大贡献；人民幸福，就是要坚持以人民为中心，增进人民福祉，促进人的全面发展，朝着共同富裕的方向稳步前进。中国梦把国家的追求、民族的向往、人民的期盼融为一体，体现了中华民族和中国人民的整体利益，表达了每一个中华儿女的共同愿景，已成为激荡在近十四亿人心中的高昂旋律，成为中华民族团结奋斗的最大公约数和最大同心圆。

《纲要》写道：“只有创造过辉煌的民族，才懂得复兴的意义；只有经历过苦难的民族，才对复兴有如此深切的渴望。”这两句话实际上是告诉读者，中华民族之所以热切追求伟大复兴，是因为我们在历史上辉煌过、领先过，后来却经历了痛苦的磨难而暗淡过、落后过。正如《纲要》所写：“中华民族创造了灿烂的中华文明，为人类作出了卓越贡献，成为世界上伟大的民族。鸦片战争后，由于西方列强的入侵和封建统治的腐败，中国逐渐陷入半殖民地半封建社会的黑暗深渊，中国人民经历了战乱频仍、山河破碎、民不聊生的深重苦难。”因此，“实现中华民族伟大复兴，就是中华民族近代以来最伟大的梦想”。

二、实现“伟大复兴中国梦”为什么必须由中国共产党来领导？

这是理解中国梦至关重要的一个问题，是一个决定中国梦能否实现的最根本性的问题。《纲要》明确回答了这个问题。

一是告诉读者，在中国共产党成立以前的所有政治力量、政治运动、政治组织都无法救亡图存、改变中国落后挨打的命运。“从太平天国运动、戊戌变法到义和团运动，一次次奋起抗争都失败了。孙中山先生领导的辛亥革命，虽然结束了统治中国几千年的君主专制制度，对推动中国社会进步具有重大意义，但也未能改变旧中国半殖民地半封建的社会性质和中国人民的悲惨命运。近代中国历史表明，旧式农民战争和软弱的资产阶级革命都不可能完成中华民族救亡图存和反帝反封建的历史任务，更不可能承担起实现民族复兴的历史使

命。”“直到以马克思主义为指导、勇担民族复兴大任的无产阶级政党——中国共产党登上历史舞台，中华民族才终于迎来凤凰涅槃、浴火重生的曙光。”“中国共产党一经成立，就把实现共产主义作为党的最高理想和最终目标，义无反顾肩负起实现中华民族伟大复兴的历史使命。在九十多年波澜壮阔的历史进程中，无论是弱小还是强大，无论是顺境还是逆境，我们党都初心不改、矢志不渝，团结带领人民历经千难万险，付出巨大牺牲，敢于面对曲折，勇于修正错误，攻克了一个又一个看似不可攻克的难关，创造了一个又一个彪炳史册的人间奇迹，谱写了气吞山河的壮丽史诗。”

二是告诉读者，历史已经证明中国共产党出色地带领中华民族走向“伟大复兴中国梦”。中国共产党已经使具有五千多年文明历史的中华民族全面迈向现代化，让中华文明在现代化进程中焕发出新的蓬勃生机；使具有五百年历史的社会主义主张在世界上人口最多的国家成功开辟出具有高度现实性和可行性的正确道路，让科学社会主义在二十一世纪焕发出新的蓬勃生机；使具有七十年历史的中华人民共和国建设取得举世瞩目的成就，中国这个世界上最大的发展中国家在短短三十多年里摆脱贫困并跃升为世界第二大经济体，彻底摆脱被开除球籍的危险，创造了人类社会历史上惊天动地的发展奇迹，使中华民族焕发出新的蓬勃生机。实现中华民族伟大复兴展现出无比灿烂的前景。

三、实现中华民族伟大复兴中国梦必须具备的三个必要前提是什么？

我们离中华民族伟大复兴从来没有像今天这样近，但今天的起点是党领导人民长期奋斗的积累，这个积累为我们最终实现中华民族伟大复兴中国梦准备了三个不可或缺的前提条件。对于这三个前提条件，《纲要》给予了明确阐述。

一是“必须推翻压在中国人民头上的帝国主义、封建主义、官僚资本主义三座大山，实现民族独立、人民解放、国家统一、社会稳定”。我们党团结带领人民进行了二十八年浴血奋战，打败日本帝国主义，推翻了国民党反动统治，完成了新民主主义革命，建立了中华人民共和国，实现了中国从几千年封建专制政治向人民民主的伟大飞跃。

二是“必须建立符合我国实际的先进社会制度”。我们党已经团结带领人民完成社会主义革命，确立社会主义基本制度，推进社会主义建设，完成了中华民族有史以来最为广泛而深刻的社会变革，为当代中国一切发展进步奠定了根本政治前提和制度基础，实现了中华民族由近代不断衰落到根本扭转命运、持续走向繁荣富强的伟大飞跃。

三是“必须合乎时代潮流、顺应人民意愿，勇于改革开放，让党和人民事业始终充满奋勇前进的强大动力”。我们党已经团结带领人民进行改革开放新的伟大革命，破除阻碍国家和民族发展的一切思想和体制障碍，极大激发广大人民群众的创造性，极大解放和发展社会生产力，极大增强社会发展活力，形成了中国特色社会主义道路、理论、制度、文化，使中国大踏步赶上时代。

四、实现中华民族伟大复兴中国梦必须做到哪四个坚持？

通过学习《纲要》，我们领悟到，实现中华民族伟大复兴，必须坚持进行伟大斗争，坚持建设伟大工程，坚持推进伟大事业，坚持依靠伟大人民。

《纲要》指出，在实现中华民族伟大复兴中国梦的征程上，“我们党要团结带领人民有效应对重大挑战、抵御重大风险、克服重大阻力、化解重大矛盾、解决重大问题，必须进行具有许多新的历史特点的伟大斗争。要牢牢掌握斗争主动权，发扬斗争精神、增强斗争本领，敢于斗争、善于斗争，在事关中国特色社会主义前途命运的大是大非问题上坚定不移，在改革发展稳定工作中敢于碰硬，在全面从严治党上敢于动硬，在维护国家核心利益上敢于针锋相对，不在困难面前低头，不在挑战面前退缩，不拿原则做交易，不在任何压力下吞下损害中华民族根本利益的苦果”。因此，坚持进行伟大斗争并不断夺取新胜利。

《纲要》指出，实现伟大梦想，必须深入推进党的建设新的伟大工程。“我们党要始终成为时代先锋、民族脊梁，始终成为马克思主义执政党，自身必须始终过硬。全党要更加自觉地坚定党性原则，勇于直面问题，敢于刮骨疗毒，消除一切损害党的先进性和纯洁性的因素，清除一切侵蚀党的健康肌体的病毒，确保我们党永葆旺盛生命力和强大战斗力，确保党在世界形势深刻变化的历史进程中始终走在时代前列，在应对国内外各种风险和考验的历史进程中始终成为全国人民的主心骨，在坚持和发展中国特色社会主义的历史进程中始终成为坚强领导核心。”因此，必须坚持建设伟大工程，坚定“四个自信”、增强“四个意识”，经受住“长期执政、改革开放、市场经济、外部环境”的四大考验，克服“精神懈怠、能力不足、脱离群众、消极腐败”的四大危险，永葆党的先进性、纯洁性和战斗力。

《纲要》指出，“实现伟大梦想，必须推进伟大事业”。中国特色社会主义是改革开放以来党的全部理论和实践的主题。新时代我们党所要回答好和解决好的时代主题就是我们“究竟应该坚持和发展什么样的中国特色社会主义，怎样坚持和发展中国特色社会主义”。“全党要始终高举中国特色社会主义伟大旗帜，更加自觉地增强中国特色社会主义自信，不懈探索和把握中国特色社会主义规律，保持政治定力，坚持实干兴邦，始终坚持和发展中国特色社会主义。”以习近平新时代中国特色社会主义思想为指导，努力做到“八个明确”和“十四个坚持”，处理好内政外交国防、改革发展稳定等重大战略问题，朝着富强民主文明和谐美丽的社会主义现代化强国目标稳步扎实前进。

《纲要》指出，“中国梦归根到底是人民的梦，必须紧紧依靠人民来实现，必须不断为人民造福”。中国人民是伟大的人民，素来有着深沉厚重的精神追求，具有伟大的梦想精神，即使近代以来饱尝屈辱和磨难，也绝不自甘沉沦，而是始终怀揣民族复兴的梦想，追求光明美好的未来。中国梦的深厚源泉在于人民，根本归宿也在于人民，只有同人民对美好生活的向往结合起来才能取得成功。中国梦就是要让每个人获得发展自我和奉献社会的机会，共同享有人生出彩的机会，共同享有梦想成真的机会，共同享有同祖国和时代一起成长与进步的机会。只要每个人都把人生理想融入国家和民族的伟大梦想之中，把小我融入大我，敢于有梦、勇于追梦、勤于圆梦，就会汇聚起实现中国梦的强大力量。中华民族伟大复兴的中国梦就一定会实现，也一定能够实现。

作者简介

张国祚，教授、博士生导师。中央马克思主义理论研究和建设工程首席专家，国家教材委员会专家委员会（马克思主义理论研究和建设工程）专家委员，教育部课程中心教材基地评审专家，国家社科基金项目评审委员会专家。现为湖南大学马克思主义学院院长，曾任中宣部理论局副局长、全国哲学社会科学规划办公室主任，长期从事马克思主义理论研究、教育和宣传工作。

第五章

CHAPTER FIVE

打开新征程的理论之门

汤荣光

习语

我国发展仍处于并将长期处于重要战略机遇期。

要在坚持以经济建设为中心的同时，全面推进经济建设、政治建设、文化建设、社会建设、生态文明建设，促进现代化建设各个环节、各个方面协调发展。

——习近平

千秋伟业，百年恰是风华正茂。《纲要》出版发行，是我们党和国家政治生活中的一件大事。习近平总书记庄严宣告：“从全面建成小康社会到基本实现现代化，再到全面建成社会主义现代化强国，是新时代中国特色社会主义发展的战略安排。”[①] 这一重大战略安排，擘画了到本世纪中叶我国发展的宏伟蓝图。《纲要》第五章，聚焦这一重大战略安排，催人奋进，荡气回肠，直抵读者心田。矢志不渝把蓝图变为现实，是一场新的征程。

一、彪炳史册的伟大目标

初心如磐，使命在肩。《纲要》第五部分开宗明义，以史论结合方式生动表达“建设社会主义现代化强国是我们党确立的伟大目标”。今天中国人民和中华民族的理想映现其间，我们党不懈追求进步的光荣传统镌刻于此。我们党领导中国人民进行的一切奋斗，归根到底都是为了实现这一伟大目标。

伟大目标在长期探索中熠熠生辉。我们党在不同历史时期，总是根据人民意愿和事业发展需要，提出富有感召力的奋斗目标，团结带领人民为之奋斗。中华人民共和国成立以后，我们党艰辛探索社会主义现代化建设之路。进入改革开放历史新时期，我们党找到了一条实现我国社会主义现代化的正确道路。党的十二大强调要全面开创社会主义现代化建设新局面。党的十三大在社会主义初级阶段基本路线中明确要求建设社会主义现代化国家。党的十四大强调要加快改革开放和现代化建设。党的十五大提出要为社会主义现代化建设创造良好的体制条件。党的十六大强调要实现包括推进现代化建设在内的三大历

① 《决胜全面建成小康社会　夺取新时代中国特色社会主义伟大胜利——在中国共产党第十九次全国代表大会上的报告（2017 年 10 月 18 日）》，人民出版社 2017 年版，第 29 页。

史任务。党的十七大要求继续全面建设小康社会、加快推进社会主义现代化。党的十八大指出，建设中国特色社会主义总任务是实现社会主义现代化和中华民族伟大复兴。党的十九大发出了“决胜全面建成小康社会，开启全面建设社会主义现代化国家新征程”的号召。不言而喻，改革开放以来党的历次全国代表大会，都聚焦和强调社会主义现代化建设。在实践探索中，我们党取得了社会主义现代化建设的一系列重大理论成果和重大实践经验，一以贯之地推进社会主义现代化建设的历史进程。

伟大目标在把握规律中璀璨夺目。伟大事业需要承前启后、继往开来，伟大成就来自接续奋斗、接力探索。伟大目标引领方向与征程，贯穿于伟大事业和伟大成就。在新时代，习近平总书记从理论和实践结合上深刻回答全面建设社会主义现代化这一重大问题，提出了一系列重大战略思想、重大理论观点、重大战略部署，指引全党认识把握社会主义现代化建设规律，指导并推动我国社会主义现代化建设迈出坚实步伐。我们尤须铭记，从党的十九大到党的二十大，是“两个一百年”奋斗目标的历史交汇期，我们既要全面建成小康社会、实现第一个百年奋斗目标，又要乘势而上开启全面建设社会主义现代化国家新征程，向第二个百年奋斗目标进军。伟大目标蕴含其中，强劲奏响新时代全面建设社会主义现代化、实现中华民族伟大复兴新的进军号。

伟大目标在实践进程中流光溢彩。中国实现现代化，是人类历史上前所未有的大变革。一是彰显路径选择的创新性。与西方发达国家因循“串联式”发展不同，我国发展选择的是“并联式”的过程，实现了工业化、信息化、城镇化、农业现代化的叠加发展。二是显现发展成效的世界性。当今世界，实现工业化的国家数量不超过三十个，人口不超过十亿。我国实现了现代化，在人口总和上意味着比所有发达国家人口还要多。三是展现社会制度的优越性。我国未来建成现代化强国，不是走资本主义道路，而是走社会主义道路。正因为如此，我们党领导中国人民进行伟大社会革命的历史意义将充分展示，彪炳史册。

二、亘古未有的伟大跨越

千年愿景，告竣在望。全面建成小康社会，凝聚着我们党向人民、向历史作出的庄严承诺，凝结着近十四亿中国人民的共同期盼。为决胜全面建成小康社会而奋斗，就是为实现中华民族伟大复兴而奋斗。全面建成高质量小康社会，就是要为开启全面建成社会主义现代化强国奠定更为牢靠的基础。

百年序章迎来决战决胜历史时刻。全面建成小康社会，是“两个一百年”奋斗目标的第一个百年奋斗目标。改革开放四十多年来，我们党始终紧紧扭住这个奋斗目标，一茬接着一茬干，一棒接着一棒跑。进入新时代，以习近平同志为核心的党中央，顺应我国经济社会新发展和人民对美好生活的新期待，确立了全面建成小康社会新的目标要求，明确提出经济实现高质量发展、人民生活水平和质量普遍提高、国民素质和社会文明程度显著提高、生态环境质量总体改善、各方面制度更加成熟更加定型，规划和设计了未来美好生活的宏伟蓝图。这个时跨本世纪头二十年的奋斗历程，现在到了需要一鼓作气向终点线冲刺的历史时刻。决胜就是冲锋号，就是总动员。

庄严承诺汇聚完美收官坚定决心。完成非凡之事，要有非凡之精神和行动。全面建成小康社会，既要对标发展水平的“小康”，也要锁定发展状态的“全面”，两个评价尺度相辅相成，相互支撑，不可或缺。全面小康，要从覆盖领域上推动“五位一体”全面进步，从覆盖人口上惠及全体人民，从覆盖区域上实现城乡区域共同发展。关键要补齐农村特别是贫困地区这一最大短板，完成打赢脱贫攻坚战这一底线任务。如期全面建成小康社会，要实事求是、因地制宜，既要坚持一定标准，又要防止好高骛远；既要考虑到二〇二〇年这个时间节点，又要立足于打基础、谋长远、见成效。全面小康的路上，一个都不能少。

宏伟目标尽显闯关夺隘历史责任。没有全面小康的实现，民族复兴就无从谈起。习近平总书记反复强调，如果到二〇二〇年我们在总量和速度上完成了目标，但发展不平衡、不协调、不可持续问题更加严重，短板更加突出，就算不上真正实现了目标。要紧扣我国社会主要矛盾变化，综合施策、精准发力，突出抓重点、补短板、强弱项，坚决打好防范化解重大风险、精准脱贫、污染防治的攻坚战，推动经济社会持续健康发展，最终必须得到人民认可、经得起历史检验。实现全面建成小康社会的宏伟目标，必将成为中国历史上亘古未有的伟大跨越，必将展现中国对人类社会的伟大贡献。

三、蹄疾步稳的战略安排

一张蓝图绘到底。中国特色社会主义发展是阶段性和连续性的统一。我们党推进社会主义现代化的成功经验表明，只有坚持把我国现代化建设的长期性与发展的阶段性相结合，科学划分发展阶段，始终做到分阶段、有步骤地推进社会主义现代化，才能在不断取得新的成就基础上抵达胜利的彼岸。

战略安排必作于实。梦想在前方，道路在脚下。改革开放之初，虽然我们国家大、人口多、底子薄，面对着重重困难和挑战，但我们对未来充满信心，设计了用七十多年、分三步走基本实现社会主义现代化的宏伟蓝图。唯有非凡的胆略、坚定的自信，才能作出如此宏远的构想和决策。正因为如此，党的十二大提出分两个十年“两步走”的战略部署；党的十三大确定了我国现代化建设“三步走”发展战略；党的十五大提出了新的“三步走”发展目标；党的十八大明确了整个社会主义初级阶段的奋斗目标。

战略安排必作于新。站在历史新的更高起点上，以习近平同志为核心的党中央，作出新时代推进我国社会主义现代化建设新的顶层设计，提出从二〇二〇年到本世纪中叶，在全面建成小康社会的基础上，分两步走全面建成社会主义现代化强国。新时代“两步走”战略安排，完整勾画了我国社会主义现代化建设的时间表、路线图，确立了党和国家事业长远发展的宏伟目标，谱写出社会主义现代化新征程的壮丽篇章。

战略安排必作于强。我们这么大一个国家，就应该有雄心壮志。新时代“两步走”战略安排，既筹谋决胜全面建成小康社会，又部署第二个百年奋斗目标，指明了我国社会主义现代化建设的两个阶段。第一个阶段，从二〇二〇年到二〇三五年，在全面建成小康社会的基础上，再奋斗十五年，基本实现社会主义现代化；第二个阶段，从二〇三五年到本世纪中叶，在基本实现现代化的基础上，再奋斗十五年，把我国建成富强民主文明和谐美丽的社会主义现代化强国。这两个阶段在时间上继起，在空间上并存，清晰展现出步步推进、行稳致远的发展脉络。

战略安排必作于稳。正是因为我国发展成就超出预期，发展的巨大潜力正在释放。新时代“两步走”战略安排，从时间节点上把基本实现现代化提前了十五年，从更高目标上提出全面建成社会主义现代化强国，从时代内涵上丰富了“两个一百年”奋斗目标。作出这一战略安排，既把握长远目标又立足当前工作，既蹄疾步稳又勇毅笃行，发出了实现中华民族伟大复兴中国梦的最强音。

四、大有可为的重要战略机遇期

浩渺行无极，扬帆但信风。当代中国处于近代以来最好的发展时期，当今世界处于百年未有之大变局。习近平总书记强调："我国发展仍然处于可以大有作为的重要战略机遇期。"[①] 我们党带领人民朝着全面建成社会主义现代化强国这个宏伟目标不断迈进，关键要全面用好我国发展的重要战略机遇期。

重要战略机遇期框定着"赛场"。我们生活的世界既充满希望，也充满挑战。当今世界面临大发展大变革大调整，和平与发展仍然是时代主题。解决世界性难题需要加强国际合作，我国拥有不可替代的强大能力和资源。经济全球化虽然遭遇逆流，但世界各国仍然保持求合作、谋发展的共同愿望。新一轮科技革命和产业变革浪潮席卷，我国在其中有着重要一席之地。我国市场拥有独一无二的吸纳能力和消化能力，各国都想在我国寻找发展机遇。当前和今后一个时期，机遇和挑战相互交织，时和势总体于我有利。

重要战略机遇期规定着"赛程"。机会稍纵即逝，抓住了就是机遇，抓不住就是挑战。机遇恰似赛程优势、赛事主动权。必须准确把握我国发展重要战略机遇期新的内涵，决不能同这样的历史机遇失之交臂。尤其在经济领域，要牢牢抓稳抓好加快经济结构优化升级、提升科技创新能力、深化改革开放、加快绿色发展、参与全球经济治理体系变革带来的五个新机遇。统筹国内国际两个大局，变压力为加快推动经济高质量发展的动力，为我国发展和世界和平创造更加有利的条件。

重要战略机遇期标定着"赛点"。世界变局中危和机同时并存，

---

① 《习近平谈治国理政》(第二卷)，外文出版社 2017 年版，第 234 页。

克服了危即是机，失去了机即是危。危和机之间对立存在，相互转化，犹如一决胜负的“赛点”。我国已经站在新的历史起点上，如何策应波谲云诡的国际形势，如何把握复杂敏感的周边环境，如何担负艰巨繁重的改革发展稳定任务，重中之重就在于把我国发展壮大作为最大机遇。要在应对危机中创造机遇，敢于从最坏处着想，向最好处努力，善于发挥我们的独特优势，抢占未来发展制高点，勇于保持战略定力，阔步迈上全面建设社会主义现代化国家新征程。

作者简介

汤荣光，研究员，江苏省中国特色社会主义理论体系研究中心特聘研究员、江苏省中国特色社会主义理论体系研究中心南通大学基地副主任、南通大学党委宣传部副部长。长期从事马克思主义基本理论、马克思主义意识形态理论研究。主持国家社科基金项目两项。出版学术专著两部。

第六章

CHAPTER SIX

深刻理解坚持党对一切工作的领导

王炳林

习语

党政军民学，东西南北中，党是领导一切的，是最高的政治领导力量。

全党同志特别是各级领导干部，都要有本领不够的危机感，都要努力增强本领，都要一刻不停地增强本领。

——习近平

坚持党对一切工作的领导，是习近平新时代中国特色社会主义思想的重要论断。习近平总书记高度重视坚持党对一切工作的领导，不仅在党的十九大报告中将其作为新时代坚持和发展中国特色社会主义基本方略的第一条，而且在庆祝改革开放四十周年大会上的重要讲话中也将其作为“九个必须坚持”宝贵经验的第一条。党的领导是历史的选择、人民的选择，坚持党的领导已为广大人民普遍接受和认可，而对坚持党对一切工作的领导在一些人思想中还存在模糊认识和困惑疑虑。坚持“党对一切工作的领导”中的“一切工作”，显然不是可有可无的画蛇添足，而是画龙点睛之笔。所谓“点睛”，就是点明了我国政治制度的鲜明特色，这也是理解我国政治制度的关键。党的领导不是局部的、部分的，也不是空洞的、抽象的，而是全面的、系统的、整体的。坚持党对一切工作的领导，意味着党的领导要落实到改革发展稳定、内政外交国防、治党治国治军等各领域各方面各环节。正所谓“党政军民学，东西南北中，党是领导一切的”。在中国，坚持党对一切工作的领导，是有着理论逻辑、历史逻辑和现实逻辑的。

一、马克思主义政党性质的内在要求

先进性和纯洁性是马克思主义政党的本质属性，也是马克思主义政党对一切工作领导的理论逻辑。马克思指出，无产阶级政党“应该使自己的每一个支部成为工人协会的中心和核心”[①]。列宁指出了无产阶级政党对国家政权领导的必然性，他强调：“党是直接执政的无产阶级先锋队，是领导者。”[②]“国家政权的一切政治经济工作都由工人阶

① 《马克思恩格斯选集》（第一卷），人民出版社 2012 年版，第 558 页。
② 《列宁选集》（第四卷），人民出版社 2012 年版，第 423 页。

级觉悟的先锋队共产党领导。”[1] 毛泽东同志根据马克思主义基本原理指出：“党是无产阶级的先锋队和无产阶级组织的最高形式，它应该领导一切其他组织，如军队、政府与民众团体。”[2] 这就意味着，党对各领域、各方面、各环节的工作都要进行领导。哪个领域、哪个方面、哪个环节缺失了弱化了，都会削弱党的力量，损害党和国家事业。特别是在意识形态工作、军队工作等方面，事关国家政权的稳定，如果共产党放弃了领导权，就可能失去政权。当年，苏联解体、苏共垮台的一个重要原因就是苏联共产党未能很好地坚持党对一切工作的领导，放弃了对意识形态工作的领导权，导致党内国内思想混乱；放弃了对军队的领导，危急关头苏联军队袖手旁观，名义上“保持中立”，甚至有的直接投靠反对派。教训极其深刻，必须牢牢汲取！

二、党的历史经验教训的深刻总结

我们党十分重视党对一切工作的领导，早在党的四大时就提出：“吾党在国民党及其他有政治性质的重要团体中，应组织党团，从中

① 《列宁选集》（第四卷），人民出版社 2012 年版，第 624 页。
② 《毛泽东年谱（一八九三—一九四九）》（修订本）（中册），中央文献出版社 2013 年版，第 400 页。

支配该党和该团体的活动。”[1] 但国共合作的大革命时期，由于我们党还处于幼年时期，政治不够成熟、理论准备不足和斗争经验缺乏，错误地认为中国共产党只能通过参加和帮助国民党来进行革命，对军队的领导权掌握不够，结果国民党反动派叛变革命后，我们党则无力反抗，造成大革命的失败，党的革命事业遭受重大损失。毛泽东同志吸取大革命失败的教训，提出“须知政权是由枪杆子中取得的”，在三湾改编中确立“支部建在连上”，在古田会议上确立思想建党、党指挥枪的原则，逐步形成党对军队绝对领导的制度，大大提高了军队的组织性和战斗力。抗日战争时期，为加强党的领导，解决抗日根据地党政军民关系的不协调现象，1942 年 9 月，中共中央政治局通过了《关于统一抗日根据地党的领导及调整各组织间关系的决定》，要求中央代表机关（中央局、分局）及各级党委（区党委、地委）为各地区的最高领导机关，统一各地区党政军民工作的领导；中央代表机关及区党委、地委的决议、决定和指示，下级党委和同级政府的党团、军队军政委员会、军队政治部、民众团体的党团及党员，均须无条件执行；各级党委严格执行民主集中制，下级服从上级，全党服从中央。这有力增强了党的团结，统一了各抗日根据地之间、各部门之间的协调，保证了党的路线方针政策贯彻执行，对于党领导的抗日战争的胜利乃至新民主主义革命的胜利，都具有重要意义。中华人民共和国成立后，我们党把坚持党对一切工作的领导确立为重要原则。1962 年 1 月，毛泽东同志在扩大的中央工作会议上明确指出：“工、农、商、学、兵、政、党这七个方面，党是领导一切的。党要领导工业、农业、商业、文化教育、军队和政府。”[2] 正是坚持党对一切工作的领

① 《建党以来重要文献选编（一九二一—一九四九）》（第二册），中央文献出版社 2011 年版，第 260 页。

② 《毛泽东文集》（第八卷），人民出版社 1999 年版，第 305 页。

导，我国社会主义建设取得重大成就，在一穷二白基础上建立了独立的比较完整的工业体系和国民经济体系，为改革开放后的经济高速增长奠定了坚实的物质基础。改革开放之后，我们始终坚持党的集中统一领导，使我国成功应对一系列重大风险挑战、克服无数艰难险阻，有力地应变局、平风波、战洪水、防"非典"、抗地震、化危机。党的十八大以来，以习近平同志为核心的党中央坚持和贯彻党对一切工作的领导，带领全党全国人民解决了许多长期想解决而没有解决的难题，办成了许多过去想办而没有办成的大事，推动党和国家事业发生历史性变革。可以说，坚持党对一切工作的领导，正是我们党对党的历史经验教训深刻总结得出的科学结论。

三、推进伟大事业的根本保证

建设中国特色社会主义事业，是一项充满艰辛，充满创造的壮丽事业。党的十九大提出在全面建成小康社会的基础上，分两个阶段在本世纪中叶建成富强民主文明和谐美丽的社会主义现代化强国。这是新时代中国特色社会主义发展的战略安排。推进新时代中国特色社会主义发展的战略安排，我们面临着新的时与势。从国际看，当今世界正发生百年未有之大变局。世界多极化、经济全球化、社会信息化、文化多样化深入发展，国际体系和国际秩序深度调整，但不稳定不确定因素明显增多，贸易保护主义、孤立主义和民粹主义等思潮不断抬头。美国等西方国家对我国战略上遏制和围堵、经济上挑起贸易争端、意识形态上渗透破坏，使我国面临更加复杂的安全和发展形势。从国内看，当今中国正处于由大向强发展的关键阶段。经过新中国成立以来特别是改革开放以来的快速发展，我国发展具有良好的基础，但改革进入深水区，经济发展进入新常态，各种矛盾叠加，风险隐患集聚，发展不平衡、不协调、不可持续问题比较突出，使我国面临许多前所未有的困难和挑战。团结出凝聚力、战斗力、创造力，全党全国人民在党的领导下的大团结是推进中国特色社会主义事业的根本保证。只有坚持党对一切工作的领导，加强党中央权威和集中统一领导，实现全党全国人民思想上的统一、政治上的团结、行动上的一致，形成有效应对重大挑战、抵御重大风险、克服重大阻力、解决重大矛盾的强大合力，才能不断推进中国特色社会主义伟大事业，实现中华民族伟大复兴的中国梦。

坚持党对一切工作的领导，并不是党政不分、以党代政，而是要按照总揽全局、协调各方的原则，在同级各种组织中发挥领导核心作用。这既是我国政治制度的鲜明特色，也是我国政治制度的显著优势，是党和国家的根本所在、命脉所在，是全国各族人民的利益所在、幸福所在。习近平总书记指出："我国社会主义政治制度优越性的一个突出特点是党总揽全局、协调各方的领导核心作用，形象地说是'众星捧月'，这个'月'就是中国共产党。在国家治理体系的大棋局中，党中央是坐镇中军帐的'帅'，车马炮各展其长，一盘棋大局分明。"[①] 在一些西方国家，政党形式上不能介入行政、司法、军队，强调行政中立、司法独立、军队国家化。事实上，行政、司法、军队也不可能完全"中立"，行政首长、法院法官、国防部长等公共职位往往是由执政党任命的，都具有鲜明的党派色彩，这也是造成西方国家重大政策缺乏稳定性、连续性的重要原因。如果说这种政治制度在西方国家还算行得通的话，照搬到其他国家就未必可行。一些亚非拉国家，主动或被动采用西方国家的政治制度后，国家政局动荡、社会混乱、经济发展缓慢、人民生活困难等。长期以来，各种敌对势力打着"宪政"旗号，攻击我国政治制度，极力鼓吹司法独立、行

---

① 《习近平关于全面建成小康社会论述摘编》，中央文献出版社 2016 年版，第 96 页。

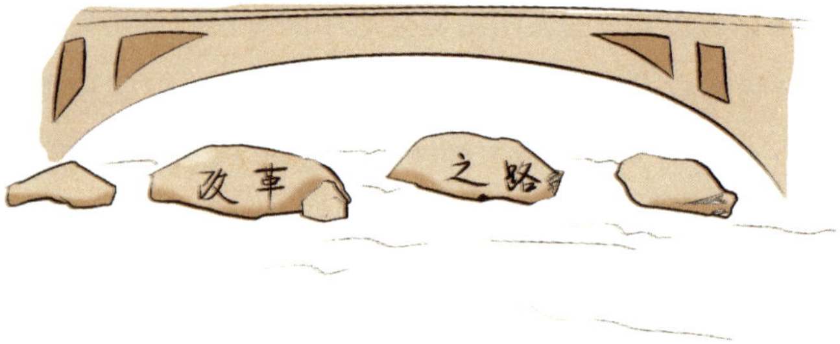

政中立、“军队非党化、非政治化”和“军队国家化”等说辞，根本目的就是要否定党的领导，颠覆社会主义制度。对此，我们要保持高度警惕，对这些错误观点必须予以坚决批驳，不断增强“四个自信”，坚定“四个意识”，做到“两个维护”，始终坚持党对一切工作的领导。

作者简介

王炳林，教育部社科中心主任，教授、博士生导师，国务院学位委员会学科评议组成员，国家社会科学基金学科评审组专家，兼任中华人民共和国国史学会副会长，中国中共党史学会副会长，享受国务院政府特殊津贴，是中央电视台《百家讲坛》主讲嘉宾，曾任北京师范大学党委副书记，2007 年至 2009 年曾挂职担任内蒙古乌兰察布市市委常委、副市长。

第七章

CHAPTER SEVEN

全面深化改革要坚持四个结合

浙江省中国特色社会主义理论体系研究中心

习语

推进改革的目的是要不断推进我国社会主义制度自我完善和发展，赋予社会主义新的生机活力。这里面最核心的是坚持和改善党的领导、坚持和完善中国特色社会主义制度，偏离了这一条，那就南辕北辙了。

——习近平

《纲要》第七部分指出，全面深化改革是新时代坚持和发展中国特色社会主义的根本动力。作为中国共产党的一次伟大觉醒，改革开放孕育了我们党从理论到实践的伟大创造；作为中国人民和中华民族发展史上的一次伟大革命，改革开放推动了中国特色社会主义的伟大飞跃。改革开放是决定当代中国命运的关键一招，是决定实现“两个一百年”奋斗目标、实现中华民族伟大复兴的关键一招，也是当代中国最鲜明的特色和当代中国共产党人最鲜明的品格。党的十八大以来，以习近平同志为核心的党中央以非凡的政治勇气与智慧推进改革，基本确立了主要领域改革的主体框架。进入新时代，我们要进一步解放思想、进一步解放和发展社会生产力、进一步解放和增强社会活力，坚持正确的方法论，在更高起点、更高层次、更高目标上推进全面深化改革，将改革开放进行到底。

一、始终坚持把党的领导与尊重人民首创精神结合起来

全面深化改革必须加强党的领导。随着改革进入深水区，各种思想文化相互激荡，各种矛盾相互交织，各种诉求相互碰撞，各种力量竞相发声，开出各式各样的“改革药方”，推进改革的敏感程度、复杂程度前所未有。而未来必定还会面临这样那样的风险挑战，甚至会遇到难以想象的“惊涛骇浪”。因此，加强和改善党对全面深化改革的领导就显得极端重要。在推进全面深化改革中，我们党要总揽全局、协调各方，坚持科学执政、民主执政、依法执政，完善党的领导方式和执政方式，提高党的执政能力和领导水平，不断提高党把方向、谋大局、定政策、促改革的能力和定力，确保我们既不走封闭僵化的老路，也不走改旗易帜的邪路，确保改革开放不出现“颠覆性错误”，沿着正确航向破浪前行。

全面深化改革必须尊重人民首创精神。改革开放是亿万人民自己

的事业，尊重人民群众的首创精神，最大程度地发挥人民群众参与深化改革的积极性和创造性，是我国改革开放取得巨大成就的重要经验，也是全面深化改革的重要方法。尊重人民群众的首创精神，必须坚持以增进民生福祉为目标。改革需要创造力，人民群众蕴藏着极大的改革动力和创新智慧，激发这种创造力，就必须保证人民群众的利益，让改革成果惠及人民群众。尊重人民群众的首创精神，必须高度重视人民群众的合理要求。中国特色社会主义进入新时代，我国社会主要矛盾已经转化为人民日益增长的美好生活需要和不平衡不充分的发展之间的矛盾。随着人民群众的权利意识、公平意识、民主意识、法治意识不断增强，人们对促进社会公平正义、实现安居乐业、追求美好生活的要求越来越高。唯有正确面对人民群众的合理要求，尽全力去满足人民群众的意愿，才能抓住民心，顺应民意，调动人民群众对党和国家各项事业的支持，激发全体人民参与深化改革的热情。

只有坚持把加强党的领导和尊重人民首创精神相结合，才能既鼓励敢为天下先、敢闯敢试，又积极稳妥、蹄疾步稳，把改革发展稳定统一起来，坚持方向不变、道路不偏、力度不减，推动新时代改革开放行稳致远。

二、始终坚持把“摸着石头过河”与顶层设计结合起来

“摸着石头过河”推动改革并未过时。“摸着石头过河”，是在勇敢实践中不断总结经验的一种形象性的说法，是我国改革开放过程中形成的一条重要经验，其本身就含有大胆探索、稳妥前进的意思。有一种观点认为，改革开放已进入新时代，不能再像以往那样强调摸着石头过河。这种看法是不对的。摸着石头过河既是很接地气的说法，又是富有中国智慧的改革方法，符合马克思主义认识论和方法论，是改革理论和改革实践良性互动的典范。正如习近平总书记指出的：“在

中国这样一个有着5000多年文明史、13亿多人口的大国推进改革发展，没有可以奉为金科玉律的教科书。”[1]我们“摸着石头过河”，不断深化改革开放，不断探索前进，开创和发展了中国特色社会主义，推进全面深化改革，我们依然要坚持解放思想、大胆实践，推动重大改革“摸着石头过河”，披坚执锐、攻坚克难。

改革的宏观思考和顶层设计要继续加强。全面深化改革是系统工程，需要更加注重顶层设计和整体谋划。党的十八届三中全会通过的《中共中央关于全面深化改革若干重大问题的决定》提出“全面深化改革的总目标是完善和发展中国特色社会主义制度，推进国家治理体系和治理能力现代化”，并对经济体制改革、政治体制改革、文化体制改革、社会体制改革、生态文明体制改革和党的建设制度改革进行了全面部署和顶层设计。为加强改革的顶层设计，由习近平总书记任组长的中央全面深化改革领导小组及时成立，持续推进“深改组”会议，负责改革的总体设计、统筹协调、整体推进、督促落实。在十八届中央全面深化改革领导小组第一次会议上，习近平同志强调：“要把握大局、审时度势、统筹兼顾、科学实施。”[2]实践证明，党的十八大以来，我们党强化顶层设计，着力抓好重大制度创新，着力提升人民群众获得感、幸福感、安全感，切实增强了改革的系统性、整体性、协同性。

坚持“摸着石头过河”与坚持改革的顶层设计，不但不矛盾，而且是相得益彰的。推进全面深化改革，既要鼓励基层大胆探索，又要增强战略思维、历史思维、辩证思维、创新思维、法治思维、底线思维能力，不断提高改革决策的科学性。

① 《在庆祝改革开放40周年大会上的讲话（2018年12月18日）》，人民出版社2018年版，第27页。

② 《党的十八大以来大事记》，人民出版社、中共党史出版社2017年版，第23页。

三、始终坚持把问题导向与目标导向结合起来

解决问题是推进改革的目的所在。历史无非是问题的消亡和解决，现实也无非是问题的存在和发展。改革开放初期，什么问题阻碍发展就对什么领域进行改革。让改革为发展开辟道路，是推进改革的主要模式。当时的农村改革、国有企业改革、价格改革，包括对外开放都是按照问题导向原则提出来的。四十一年来，中国聚焦发展中面临的突出矛盾和问题，解放思想、实事求是，大胆地试、勇敢地改，一系列重大改革扎实推进，各项便民、惠民、利民举措持续实施，无一不是坚持问题导向推进改革的过程。

完成目标是推进改革最重要的牵引。“无论改什么、改到哪一步，坚持党对改革的集中统一领导不能变，完善和发展中国特色社会主义制度、推进国家治理体系和治理能力现代化的总目标不能变，坚持以人民为中心的改革价值取向不能变。”① 这“三个不能变”是中国改革的基本遵循。其中，完善和发展中国特色社会主义制度、推进国家治理体系和治理能力现代化是改革的总目标，也是改革的努力方向。制度是关系党和国家事业发展的根本性、全局性、稳定性、长期性问题。四十一年来，我们扭住完善和发展中国特色社会主义制度这个关键，为解放和发展社会生产力、解放和增强社会活力、永葆党和国家生机活力提供了有力保证；为保持社会大局稳定、保证人民安居乐业、保障国家安全提供了有力保证；为放手让一切劳动、知识、技术、管理、资本等要素的活力竞相迸发提供了有力保证；为让一切创造社会财富的源泉充分涌流而不断建立充满活力的体制机制。国家治理体系和治理能力则是一个国家制度和制度执行能力的集中体现。四十一

① 崔耀中等编著:《不忘初心　走向复兴——新时代　新思想　新征程》，人民出版社2018年版，第43页。

年来，我们在坚定的制度自信下全面深化改革，使各方面制度更加科学、更加完善，实现了党、国家、社会各项事务治理制度化、规范化、程序化，提高了党科学执政、民主执政、依法执政水平，推进国家治理体系和治理能力现代化。

邓小平同志在1992年提出，“再有30年的时间，我们才会在各方面形成一整套更加成熟更加定型的制度。”[①] 2013年召开的党的十八届三中全会强调了改革要“形成系统完备、科学规范、运行有效的制度体系，使各方面制度更加成熟更加定型”，这是国家治理体系和治理能力现代化的基础。

成功地改造世界必须正确地认识世界，在推进改革解决问题的过程中，很多问题都是交织的。改革的深入推进，必须有规划、有目标。把问题导向和目标导向统一起来，才是真正符合辩证唯物主义世界观和方法论的推进改革的科学路径。

四、始终坚持把深化改革与扩大开放结合起来

改革中的问题必须用改革的办法来解决。全面深化改革，是一个涉及经济社会发展各领域的复杂系统工程，需要统筹谋划各个方面、各个层次、各个要素，不断增强改革的系统性、整体性、协同性。随着改革进入攻坚期和深水区，遇到的阻力越来愈大，面对的暗礁、潜流、旋涡越来越多。“好吃的肉都吃掉了，剩下的都是难啃的硬骨头。”可以说，当前我国改革到了愈进愈难、愈进愈险而又不进则退、非进不可的关键时刻，能否坚定信心、凝聚共识、攻坚克难，确保各项改革举措落地生根，直接决定着改革的成败。以浙江“最多跑一次”为典型的重大改革举措，就是在统筹推进重要领域和关键环节

① 《习近平谈治国理政》(第一卷)，外文出版社2018年版，第90页。

的改革取得重大突破的同时，不断放大对全面深化改革的牵引作用，以之为全面深化改革的杠杆和支点，全方位撬动经济、公共服务、权力运行等各领域的机制体制改革，有效促进了各项改革举措在政策取向上相互配合、在实施过程中相互促进、在改革成效上相得益彰，是探索提升改革协同效应的示范样本。

开放促进改革，开放也是改革。开放带来进步，封闭必然落后。四十一年来，中国坚持对外开放基本国策，实现了从封闭半封闭到全方位开放的伟大历史转折。如今，中国在对外开放中展现大国担当，已经成为世界经济增长的主要稳定器和动力源，促进了人类和平与发展的崇高事业。以开放促改革、促发展，是我国发展不断取得新成就的重要法宝。“中国开放的大门不会关闭，只会越开越大!”继续推动全面开放，要以“一带一路”建设为重点，坚持“引进来”和“走出去”并重，遵循共建共享原则，加强创新能力开放合作，形成陆海内外联动、东西双向互济的开放格局。正如习近平同志强调的，我们将实行更加积极主动的开放战略，未来之中国，必将以更加开放的姿态拥抱世界，必将同世界形成更加良性的互动，带来更加进步和繁荣的中国和世界。

深化改革与扩大开放是有机联系的内在统一体，二者相辅相成、不可分割。深化改革是扩大开放的条件，扩大开放是深化改革的外部推动力。不能脱离开放谈改革，也不能脱离改革谈开放，应该对二者进行统筹规划、协调推进，既要以高质量的发展促进对外开放，又要用高水平的开放倒逼全面深化改革。只要改革不停顿，开放也就不会止步。

作者简介

浙江省中国特色社会主义理论体系研究中心，是中央宣传部直接联系指导的15家国家级研究中心之一。“中心”以“国家工程、浙江基地”为标准，坚持“一中心、多基地”发展模式，统筹在浙高校、科研院所等一线科研力量，紧密围绕学习研究宣传阐释习近平新时代中国特色社会主义思想这一主题，深入开展课题研究和学术活动。执笔人：胡海良、徐友龙、唐玉。

第八章

CHAPTER EIGHT

全面依法治国是国家治理的一场深刻革命

翟国强

习语

全面推进依法治国总目标是建设中国特色社会主义法治体系，建设社会主义法治国家。

党和法的关系是一个根本问题，处理得好，则法治兴、党兴、国家兴；处理得不好，则法治衰、党衰、国家衰。

——习近平

法律是治国之重器，法治是国家治理体系和治理能力的重要依托。党的十八大以来，习近平总书记多次强调，在“四个全面”中，全面依法治国具有基础性、保障性作用。全面依法治国是新时代坚持和发展中国特色社会主义的本质要求，《纲要》重申了这一重大命题。全面推进依法治国是关系我们党执政兴国、关系人民幸福安康、关系党和国家长治久安的重大战略问题，是完善和发展中国特色社会主义制度、推进国家治理体系和治理能力现代化的重要方面，是国家治理领域一场广泛而深刻的革命。

法治和人治问题是人类政治文明史上的一个基本问题，也是推进国家治理体系和治理能力现代化进程中必须面对和解决的一个重大问题。小智治事，中智治人，大智立法。治理一个国家、一个社会，关键是要立规矩、讲规矩、守规矩。综观世界各国的现代化历程，凡是顺利实现现代化的国家，没有一个不是较好解决了法治和人治问题的。相反，一些国家虽然也一度实现快速发展，但并没有顺利迈进现代化的门槛，而是陷入这样或那样的“陷阱”，出现经济社会发展停滞甚至倒退的局面。后一种情况很大程度上与法治不彰有关。

法治兴则国兴，法治强则国强。从我国古代看，凡属盛世都是法制相对健全的时期。近代以后，为了谋求国家富强和民族复兴，许多仁人志士一直呼吁法制，但在当时的历史条件和政治条件下，仅靠变法修律是无法改变旧中国社会性质和中国人民悲惨命运的。中华人民共和国的成立开辟了中国历史的新纪元，我们党在废除旧法统的同时，积极运用新民主主义革命时期根据地法制建设的成功经验，抓紧建设社会主义法治，初步奠定了社会主义法治的基础。后来，党在指导思想上发生“左”的错误，逐渐对法制不那么重视了，特别是“文化大革命”使法制遭到严重破坏，付出了沉重代价，教训十分惨痛！改革开放的历史新时期，我们深刻总结我国社会主义法治建设的成功经验和深刻教训，把依法治国确定为党领导人民治理国家的基本方略，把依法执政确定为党治国理政的基本方式，走出了一条中国特色社会主义法治道路。

经验和教训使我们党深刻认识到，法治是治国理政不可或缺的重要手段。什么时候重视法治、法治昌明，什么时候就国泰民安；什么时候忽视法治、法治松弛，什么时候就国乱民怨。我国是一个有十三亿多人口的大国，地域辽阔，民族众多，国情复杂。我们党在这样一个大国执政，要保证国家统一、法制统一、政令统一、市场统一，要实现经济发展、政治清明、文化昌盛、社会公正、生态良好，都需要秉持法律这个准绳、用好法治这个方式。

国家治理体系是一个复杂的系统，法治体系是国家治理体系的骨干工程。全面推进依法治国是一个系统工程，涉及国家治理的很多方面，在实际工作中必须有一个总揽全局、牵引各方的总抓手，这个总抓手就是建设中国特色社会主义法治体系。这也是全面推进依法治国

的总目标，既明确了全面推进依法治国的性质和方向，又突出了全面推进依法治国的工作重点和总抓手，对全面推进依法治国具有纲举目张的意义。依法治国各项工作都要围绕这个总抓手来谋划、来推进。建设中国特色社会主义法治体系，必须加快形成完备的法律规范体系、高效的法治实施体系、严密的法治监督体系、有力的法治保障体系，形成完善的党内法规体系，持续不断推进国家治理体系和治理能力现代化。

全面依法治国这件大事能不能办好，最关键的是方向是不是正确、政治保证是不是坚强有力。其中最重要的，就是要正确认识把握党和法的关系。这是一个根本问题，处理得好，则法治兴、党兴、国家兴；处理得不好，则法治衰、党衰、国家衰。在我国，法是党的主张和人民意愿的统一体现，党领导人民制定宪法法律，党领导人民实施宪法法律，党自身必须在宪法法律范围内活动，这就是党的领导力量的体现。党和法、党的领导和依法治国是高度统一的。当前，我国正处于实现“两个一百年”奋斗目标的历史交汇期，坚持和发展中国特色社会主义更加需要依靠法治，更加需要加强党对全面依法治国的领导。习近平总书记强调，推进党的领导制度化、法治化，既是加强党的领导的应有之义，也是法治建设的重要任务。要进一步健全党领导全面依法治国的制度和工作机制，继续推进党的领导制度化、法治化，把党的领导贯彻到全面依法治国全过程和各方面，为全面建成小康社会、全面深化改革、全面从严治党提供长期稳定的法治保障。

新中国成立七十年来，法治中国的道路曾历经坎坷，但我们党对法治的追求矢志不渝。从“五四宪法”到现行宪法，从“社会主义法制”到“社会主义法治”，从“有法可依、有法必依、执法必严、违法必究”到“科学立法、严格执法、公正司法、全民守法”，我们党越来越深刻地认识到，治国理政须臾离不开法治。中国特色社会主义进入新时代，这是我国发展新的历史方位。在统筹推进伟大斗争、伟大工程、伟大事业、伟大梦想，全面建设社会主义现代化国家的新征程上，要善于运用制度和法律治理国家，不断提高党科学执政、民主执政、依法执政水平，更好发挥法治固根本、稳预期、利长远的保障作用。

作者简介

翟国强，中国社会科学院法学研究所研究员，法学博士。兼任中国宪法学研究会常务理事、国际宪法学协会理事、北京市立法学研究会副会长兼秘书长。中央马克思主义理论研究和建设工程《宪法学》课题组成员，中共中央组织部“万人计划”“青年拔尖人才”。

★学习留印 4 抓《纲》有痕★

新时代中国特色社会主义“五位一体”总体布局

经济建设

以新发展理念引领经济高质量发展

新发展理念

创新 协调 绿色 开放 共享

的发展理念，是指挥棒和红绿灯。

推动经济高质量发展

我国经济已由高速增长转向高质量发展。推动经济高质量发展，是当前和今后一个时期确定发展思路、制定经济政策、实施宏观调控的根本要求。

坚持社会主义市场经济改革

使市场在资源配置中起决定性作用、更好发挥政府作用。

推进供给侧结构性改革

是调整经济结构、转变经济发展方式的治本良方，必将成为当前和今后一个时期经济发展和经济工作的主线。

建设现代化经济体系

是党中央作出的重大战略决策部署，要深刻认识和科学把握建设现代化经济体系，推动我国经济发展焕发新活力。

政治建设

发展社会主义民主政治

中国特色社会主义政治发展道路

为实现最广泛的人民民主确立了正确方向。走中国特色社会主义政治发展道路，必须坚持党的领导、人民当家作主、依法治国有机统一，积极稳妥推进政治体制改革，始终保持政治定力。

人民当家作主

是社会主义民主政治的本质和核心，必须用人民代表大会制度、党领导的多党合作和政治协商制度、民族区域自治制度、基层群众自治制度等制度安排保证人民当家作主。

要推动协商民主广泛、多层、制度化发展，全面贯彻党的民族政策、宗教政策，巩固和发展最广泛的爱国统一战线。

文化建设

推动社会主义文化繁荣兴盛

中国特色社会主义文化发展道路

是推动社会主义文化繁荣兴盛的唯一正确道路。要以马克思主义为指导，坚守中华文化立场，立足当代中国现实，结合当今时代条件，发展面向现代化、面向世界、面向未来的，民族的科学的大众的社会主义文化，推动社会主义精神文明和物质文明协调发展。

意识形态

决定文化前进方向和发展道路。必须高举马克思主义、中国特色社会主义伟大旗帜，建设具有强大凝聚力和引领力的社会主义意识形态。

核心价值观

是一个民族赖以维系的精神纽带。要把培育和践行社会主义核心价值观作为凝魂聚气、强基固本的基础工程，着力培养担当民族复兴大任的时代新人。

中华优秀传统文化

是中华民族的根和魂，是中国特色社会主义植根的文化沃土。要坚持马克思主义方法，本着科学态度，继承和弘扬中华优秀传统文化。

文艺

是时代前进的号角。推动文艺繁荣发展，要牢固树立马克思主义文艺观，始终坚持以人民为中心的创作导向，生产出无愧于伟大时代的优秀作品。

互联网

互联网成为意识形态斗争的主战场，要营造风清气正的网络空间。

文化软实力

关系到我国在世界文化格局中的定位及我国国际地位和国际影响力，关系到“两个一百年”奋斗目标和中华民族伟大复兴中国梦的实现。要切实把我们自身的文化建设好，对外讲好中国故事。

社会建设

带领人民创造更加幸福美好生活

民生是人民幸福之基、社会和谐之本。增进**民生福祉**是我们党坚持立党为公、执政为民的本质要求。

民生工作离老百姓最近，同老百姓生活最密切。必须**抓住人民最关心最直接最现实的利益问题，**抓住最需要关心的人群，让人民获得更多、更直接、更实在的获得感、幸福感、安全感。

坚决打赢脱贫攻坚战。

社会治理现代化是国家治理体系和治理能力现代化的题中应有之义，要**打造共建共治共享的社会治理格局。**

生态文明建设

建设美丽中国

保护自然就是保护人类，建设生态文明就是造福人类。必须把**生态文明建设**摆在全局工作的突出地位。

绿水青山就是金山银山，是重要的发展理念，是推进现代化建设的重大原则。要坚定不移保护绿水青山，因地制宜壮大“美丽经济”。

要从根本上解决生态问题，必须贯彻绿色发展理念，推动形成**绿色发展方式和生活方式**。

山水林田湖草是人类生存发展的物质基础。要统筹山水林田湖草系统治理，深入实施山水林田湖草一体化生态保护和修复。

保护生态环境必须依靠制度和法治，实行最严格的**生态环境保护制度**。

第九章

CHAPTER NINE

深刻理解引领中国经济发展新理念

韩喜平

习语

发展必须是科学发展，必须坚定不移贯彻创新、协调、绿色、开放、共享的发展理念。

现阶段，我国经济发展的基本特征就是由高速增长阶段转向高质量发展阶段。

——习近平

发展是解决我国一切问题的基础和关键。习近平总书记反复强调，解放和发展生产力是社会主义的本质要求。如何整体理解把握习近平总书记关于新时代中国特色社会主义经济建设的战略思想？新近出版的《纲要》，为广大干部群众提供了理论指南。《纲要》第九部分聚焦习近平新时代中国特色社会主义经济思想，紧扣“以新发展理念引领经济高质量发展——关于新时代中国特色社会主义经济建设”的主线，从五个维度精准阐释新时代经济建设的发展理念、根本要求、基本取向、工作主线、战略目标。该章视野宏阔，说理透彻，表述生动，既“解渴”又“解疑”，对于制定经济政策方针、完善发展战略、增强工作创造性，具有重大指导意义。

一、从发展理念到具体对策，汇聚新时代经济发展的总体战略

新发展理念集中反映我们党对经济社会发展规律认识的深化。习近平总书记强调：“发展理念搞对了，目标任务就好定了，政策举措跟着也就好定了。”[①]《纲要》明确指出：“发展理念是发展行动的先导，是发展思路、发展方向、发展着力点的集中体现。发展理念是否对头，从根本上决定着发展成效乃至成败。”发展理念具有很强的战略性、纲领性、引领性，是制定具体发展对策的行动依据。发展理念的变化是一场关乎发展全局的深刻变革，从发展理念到具体对策是一个系统化的过程，统一于中国特色社会主义伟大实践，构划了新时代经济发展的总体战略。《纲要》立足对策层面，系统阐述我国的新发展理念，明确以新发展理念引领经济高质量发展，建立现代化经济体系，深刻回答了新时代的中国要实现什么样的发展、怎样实现发展的现实问题。

---

① 《习近平谈治国理政》（第二卷），外文出版社 2017 年版，第 197 页。

新发展理念集中展现我国发展理论的又一次重大创新。党的十八大以来，习近平总书记顺应时代和实践发展的新要求，坚持以人民为中心的发展思想，提出坚定不移贯彻新发展理念，引领经济社会发展的治本之策。新发展理念犹如“指挥棒、红绿灯”，引领我国经济转变发展方式、优化经济结构、转换增长动力，推动经济由高速增长转向高质量发展，体现了我们党对新的发展阶段基本特征的深刻洞察和科学把握，标志着我们党对经济社会发展规律的认识达到了新的高度。这不仅是破解发展难题的战略选择，而且具有“管全局、管根本、管方向、管长远”的特点。

新发展理念必须贯穿经济活动全过程。与之相适应，支撑新发展理念的具体实践，形成了推动经济发展的结构性整体，构划了新时代经济发展的总体战略。推动高质量发展是当前和今后一个时期确定发展思路、制定经济政策、实施宏观调控的根本要求；坚持市场在资源配置中起决定性作用与更好发挥政府作用是新时代经济建设的基本取向；推进供给侧结构性改革是新时代经济建设的工作主线；建设现代化经济体系是我国发展的战略目标。从发展理念到具体对策使社会经济活动各个环节、各个层面、各个领域构成了有机整体，拓宽了以新发展理念引领经济高质量发展的实践之路。

二、从高速增长到高质量发展，体现新时代经济发展的转型要求

以经济建设为中心是兴国之要。《纲要》开门见山，强调经济建设必须尊重经济发展规律，适应我国社会主要矛盾的变化，满足全面建成小康社会和社会主义现代化强国的现实需要。改革开放之后，我国经济迎来了高速发展的阶段，但是随着改革开放的不断深入，高速增长模式与实践的变化不相协调，粗放型经济增长方式不可持续的弊

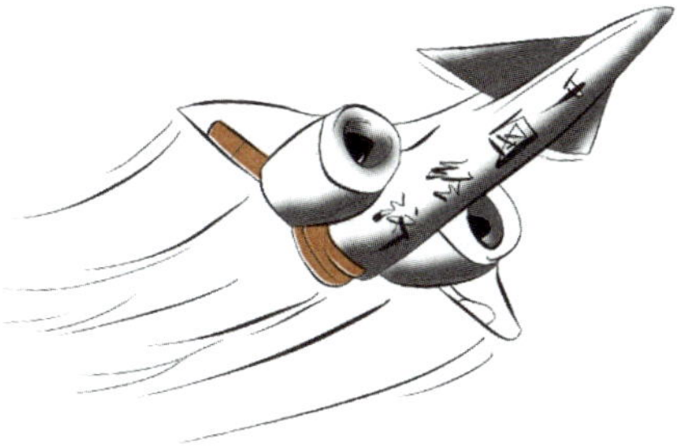

端日益显露。党的十八大以来，我们对经济发展阶段性特征的认识不断深化，习近平总书记指出：“我国经济已由高速增长阶段转向高质量发展阶段。”[1] 发展理念的转变反映了经济发展方式的深刻变革，从高速增长到高质量发展明确了新时代经济发展的转型。

新时代经济发展转型的主要目标是实现经济的高质量发展。《纲要》形象化表述高质量发展，就是“经济发展从‘有没有’转向‘好不好’”。经济从高速增长到高质量发展意味着我国经济必然向形态更高级、分工更优化、结构更合理的阶段转化。《纲要》指出，在新常态下，我国经济发展表现出速度变化、结构优化、动力转换三大特点，“增长速度要从高速转向中高速，发展方式要从规模速度型转向质量效率型，经济结构调整要从增量扩能为主转向调整存量、做优

① 《决胜全面建成小康社会　夺取新时代中国特色社会主义伟大胜利——在中国共产党第十九次全国代表大会上的报告（2017 年 10 月 18 日）》，人民出版社 2017 年版，第 30 页。

增量并举，发展动力要从主要依靠资源和低成本劳动力等要素投入转向创新驱动”。推动经济高质量发展是新时代经济发展转型的必然要求，但是转型过程并不容易。

推动经济高质量发展要充分认识“三个没有改变”。一是我国经济发展健康稳定的基本面没有改变；二是支撑高质量发展的生产要素条件没有改变；三是长期稳中向好的总体势头没有改变。总体而论，从高速增长到高质量发展确立了我国新时代经济发展的转型目标，那就是必须坚持质量第一、效益优先，推动转变发展方式、优化经济结构、转换增长动力，加快经济发展质量变革、效率变革、动力变革，不断增强经济创新力和竞争力，促使我国经济在实现高质量发展上取得新进展。

三、从体制创新到制度坚持，打牢中国特色社会主义经济制度基础

坚持社会主义市场经济改革方向，核心问题是处理好政府和市场的关系。实际上就是要处理好在资源配置中市场起决定性作用还是政府起决定性作用这个问题。《纲要》详细阐述了改革开放以来，我们党对政府和市场关系认识不断深化的过程，逐步明确“市场在资源配置中起决定性作用”的重大论断。使市场在资源配置中起决定性作用、更好发挥政府作用，既遵循了市场经济的一般规律，又没有否定二者的相互作用。形成市场和政府互为补充、互为促进的社会主义市场经济体系，是我们党在理论和实践上的又一重大创新。

处理好政府和市场的关系，贯穿着坚持和完善我国社会主义基本经济制度这根基准线。我国实行的是社会主义市场经济体制，公有制经济在国民经济中居于主体地位，无论是使市场在资源配置中起决定性作用，还是更好发挥政府作用，都是充分发挥社会主义制度的优

越性，为坚持和巩固中国特色社会主义制度服务的。体制创新和制度坚持相辅相成、相得益彰，体制创新要以制度坚持为根本依据，而为了更好的制度坚持必须尊重经济发展规律，深化体制创新。在社会主义市场经济体制改革中，从经济体制创新到制度坚持夯实了中国特色社会主义经济制度基础。

处理好政府和市场的关系，尤其要正确对待公有制经济和非公有制经济。《纲要》明确指出："公有制经济和非公有制经济都是社会主义市场经济的重要组成部分，都是我国经济社会发展的重要基础。"这一论述既反映了我国社会主义市场经济改革的体制创新，也表明了我国以公有制为主体的制度坚持。在中国特色社会主义伟大实践进程中，我国的经济发展取得了巨大的成就，证明了社会主义市场经济体制的制度优势。习近平总书记强调："我国基本经济制度写入了宪法、党章，这是不会变的，也是不能变的。"[1] 这种对制度坚持的底气，既来自于改革开放以来，我国经济发展的成功实践和辉煌成就，也根源于对中国特色社会主义基本经济制度的自信。从体制创新到制度坚持，不仅是我们党对理论与实践发展的深刻认识，也坚定了中国特色社会主义基本经济制度自信。

四、从需求调控到供给侧结构性改革，彰显经济发展与经济工作主线

《纲要》强调："要把推进供给侧结构性改革作为当前和今后一个时期经济发展和经济工作的主线。"供给侧管理和需求侧管理，是调控宏观经济的两个基本手段。为何要推进供给侧结构性改革？主要有两方面原因。一是问题倒逼而成。过去我国的宏观经济政策主要以

---

① 《在民营企业座谈会上的讲话（2018 年 11 月 1 日）》，人民出版社 2018 年版，第 6 页。

“投资、出口、消费”的需求侧为调控导向。特别是在2008年全球金融危机之后，我国推出了四万亿经济刺激计划，然而供需矛盾并未从根本上得以解决，需求侧管理调控的后遗症随着基础设施领域投资的放缓而不断显现，出现产能过剩、杠杆率过高等问题。二是摆脱路径依赖之需。经济“脱实向虚”减弱了需求侧管理的效用，受外需疲软等多方面因素影响，单纯的需求侧管理遇到瓶颈。进入新时代，习近平总书记指出：“从国际经验看，一个国家发展从根本上要靠供给侧推动。”[①] 另外，世界经济结构也正在进行调整，我国需要适应外部环境变化，从供给侧发力，找准自身发展的定位。

供给侧结构性改革的最终目的是通过改革的办法推进供给结构的调整，满足人民需求。在经济发展过程中，由于有效供给能力不足造成了大量“需求外溢”，消费能力严重外流。《纲要》指出，推进供给侧结构性改革是调整经济结构、转变发展方式、培育增长新动力、实现创新发展的必然要求。新时代工作的重点是从供给侧结构性改革上入手，解决“实体经济结构性供需失衡、金融和实体经济失衡、房地产和实体经济失衡”等重大结构性问题，实现由低水平供需平衡向高水平供需平衡的跃升。

深化供给侧结构性改革、推动经济高质量发展，要坚持“巩固、增强、提升、畅通”八字方针。在当前和今后一个时期，我们要以深化供给侧结构性改革为工作主线，在“破”“立”“降”上下功夫，全面落实“三去一降一补”五大任务，解决供给中的结构性问题，激发经济增长的新动力。推进供给侧结构性改革是新时代工作重点和工作主线，也是推动我国经济朝着“更高质量、更有效率、更加公平和更可持续发展”方向前进的重大举措。

① 《习近平谈治国理政》（第二卷），外文出版社2017年版，第255页。

五、从致用之策到理论升华，丰富和发展了马克思主义政治经济学

《纲要》指出:“我们党把马克思主义政治经济学基本原理同改革开放伟大实践结合起来，取得了一系列新的重要理论成果，形成了适应当代中国国情和时代特点的中国特色社会主义政治经济学。”新时代，面对国际、国内的环境变化和中国前所未有的发展形势，以习近平同志为核心的党中央为解决时代发展的问题，遵循客观经济规律，在新时代中国特色社会主义经济建设的具体实践中，提出新发展理念，推进供给侧结构性改革，使市场在资源配置中起决定性作用，建设现代化经济体系等一系列致用之策，不仅为经济社会发展打造新引擎，还解决了许多长期想解决而没解决的发展难题，成功驾驭了我国经济发展大局，推动了我国综合国力不断提升，经济总量连上新台阶。

国家强，经济体系必须强。以建设现代化经济体系为例。一是要深刻认识现代化经济体系是由社会经济活动各个环节、各个层面、各个领域的相互关系和内在联系构成的有机整体。二是要打牢实体经济这一坚实基础。三是要发挥好创新驱动发展战略的支撑作用。四是要通过城乡区域协调发展优化空间布局。五是要发展开放型经济并提高国际竞争力。六是要深化经济体制改革并完善制度保障。

理论发展在于不断深化，成功经验需要不断总结。正是由于把马克思主义政治经济学基本原理同全面深化改革的伟大实践结合起来，根据时代和经济实践的发展变化，探索社会主义经济发展规律，习近平总书记提出了新发展理念等一系列具有开创性意义的新理念新思想新战略，创立并形成了习近平新时代中国特色社会主义经济思想。

习近平新时代中国特色社会主义经济思想始终坚持以人民为中

心，科学回答了实现什么样的发展、怎样实现发展的问题，阐明了新时代生产关系与生产力发展的互动关系，探索实现更高质量、更高效率、更加公平、更可持续发展的必由之路，深化了我们党对中国特色社会主义经济发展规律的认识，有力指导了我国新的发展实践，开拓了中国特色社会主义政治经济学新境界，丰富和发展了马克思主义政治经济学。

作者简介

韩喜平，政治经济学博士，教授、博士生导师，吉林大学中国特色社会主义理论体系研究中心主任，教育部长江学者特聘教授。第三批国家“万人计划”哲学社会科学领军人才，中宣部文化名家和“四个一批”人才入选者，国家百千万人才工程国家级人才，国务院学位委员会第七届学科评议组成员。主持国家社会科学基金重大项目、教育部思想政治重大委托项目、财政部和教育部农林实践基地重大项目多项。

第十章

CHAPTER TEN

（一）

坚持党的领导，保障人民当家作主

上海市人大常委会研究室

习语

发展社会主义民主政治就是要体现人民意志、保障人民权益、激发人民创造活力，用制度体系保证人民当家作主。

有事好商量，众人的事情由众人商量，是人民民主的真谛。

——习近平

《纲要》第十部分指出，“走中国特色社会主义政治发展道路，必须坚持党的领导、人民当家作主、依法治国有机统一。”这三者存在辩证关系，即党的领导是人民当家作主和依法治国的根本保证，人民当家作主是社会主义民主政治的本质特征，依法治国是党领导人民治理国家的基本方式，三者统一于我国社会主义民主政治伟大实践，从而明确了社会主义政治发展规律的内涵、运作原则和方向，从理论和实践上回答了如何实现人民当家作主的社会主义民主政治重大课题。

一、人民当家作主是社会主义民主政治的本质特征

中华人民共和国的成立揭开了中国历史的新纪元，从此，中国人民站立起来了，成为国家的真正主人。近代一百多年的历史表明，人民当家作主是历史和人民的选择。在很长时期内，中国面临三种可供选择的建国方案，其中由共产党代表并主张建立工人阶级领导的以工农联盟为基础的人民共和国，经过新民主主义走向社会主义的方案，最终赢得中国最广大的人民群众包括民族资产阶级及其政治代表在内的拥护。我国宪法规定：“中华人民共和国是工人阶级领导的、以工农联盟为基础的人民民主专政的社会主义国家”“中华人民共和国的一切权力属于人民。”这充分体现了人民当家作主的原则。而“橘生淮南则为橘，生于淮北则为枳”，西方民主政治模式在中国没有生存的土壤，即便曾经引进也最终失败。

一般说来，民主就是“人民的统治”，即人民管理国家事务。从广义上讲，民主是一种在社会生活各个领域的治理中，以尊重人们的平等权利和多数人的意志、利益为原则的制度和机制。从狭义上讲，在国家治理的过程中，民主又主要表现为“一种国家形式，一种国家形态”，即“少数服从多数的国家”。民主原则应该贯彻在经济、政治、文化和社会等领域，并非局限于在政治领域周期性投票内。在西

方，选民有投票权，但选举时漫天许诺，选举后无人过问，没有实际上的参与权，只是形式上有权，实际上无权。因此判断是否民主的最终标准，不是民主形式，而是民主的内容实质是否得到落实。习近平总书记指出，评价一个国家政治制度是不是民主的、有效的，主要根据国家领导层能否依法有序更替，全体人民能否依法管理国家事务和社会事务、管理经济和文化事业等“八个能否”的标准。不仅如此，习近平总书记还强调要让人民群众在每一个司法案件中感受到公平正义等，则着重强调让人民实际感受成为试金石。

历史和实践已经充分证明：我国社会主义民主是维护人民根本利益的最广泛、最真实、最管用的民主。我们党团结带领人民浴血奋战，建立了新中国，确立了社会主义基本制度，在中国历史上第一次实现了人民当家作主。改革开放以来，我们党团结带领人民成功开辟和坚持了中国特色社会主义政治发展道路，为实现最广泛的人民民主确立了正确方向。特别是党的十八大以来，我们党围绕“人民民主是社会主义的生命。没有民主就没有社会主义，就没有社会主义的现代化，就没有中华民族伟大复兴”这一重大命题，在治国理政中充分尊重人民主体地位，在各层次各领域扩大公民有序政治参与，体现人民意志、保障人民权益、激发人民创造活力，充分展示了社会主义民主政治的优越性和生机活力。中国特色社会主义政治发展道路，是近代以来中国人民长期奋斗历史逻辑、理论逻辑、实践逻辑的必然结果。

二、人民代表大会制度是实现人民当家作主的根本制度安排

习近平总书记指出，人民代表大会制度是坚持党的领导、人民当家作主、依法治国有机统一的根本制度安排，进一步明确了“三者有机统一”这一规律的运行途径、平台载体。

人民民主是中国共产党始终高举的旗帜，是中国共产党人始终不

渝的奋斗目标。1922 年 7 月中国共产党第二次全国代表大会指出，党的最高纲领是实现社会主义、共产主义，但现阶段的革命纲领应当是：打倒军阀；推翻国际帝国主义的压迫；统一中国，使它成为真正的民主共和国。“真正的民主共和国”是最低纲领的结果，也是最高纲领起点，其本质是人民群众在党的领导下起来斗争革命、实现自身解放，从而把命运紧紧握在自己手里，成为国家的主人，积极主动地建设自己的国家，逐步实行最高纲领。新民主主义革命胜利、社会主义制度建立，靠的就是人民群众云集于我们党始终高举的人民民主的旗帜下，并从我们党为人民民主奋斗的实践中体会到什么是真正的民主，从而激发出巨大的革命动力、创造活力。新中国成立以来，我国社会主义建设取得的巨大成就，改革开放以来特别是党的十八以来，中国特色社会主义取得举世瞩目的成就，充分说明，只有真正的、最广泛的人民民主才能产生如此巨大推动历史进步的动力。

人民代表大会制度是中国人民当家作主的重要途径和最高实现形式，是中国社会主义政治文明的重要制度载体。人民代表大会制度的制度设计、坚持和完善的历史进程，充分体现了对人民当家作主的制度保障作用。

1954 年 9 月 15 日，第一届全国人民代表大会第一次会议在北京举行，标志着人民代表大会制度在全国范围内建立起来。宪法规定，人民行使权力的机关是全国人民代表大会和地方各级人民代表大会。人民通过民主选举，产生自己的代表，组成各级人民代表大会，人民代表大会对人民负责、受人民监督，“一府一委两院”由人大产生、对人大负责、受人大监督。人民就是通过这一制度途径把国家政权掌握在自己手里，实现当家作主的权利的。

需要指出的是，人大代表具有广泛的代表性，是人民当家作主的重要体现和保障。我国选举法第一章第六条规定，全国人民代表大会和地方各级人民代表大会的代表应当具有广泛的代表性，应当有适当数量的基层代表，特别是工人、农民和知识分子代表；应当有适当数量的妇女代表，并逐步提高妇女代表的比例。正是因为各级人大代表具有广泛的群众基础，能够从不同角度代表各个群体的诉求表达，从而使全体人民能够在党的领导下治理国家。

人民代表大会制度的建设和发展，大体经历了四个阶段。一是中华人民共和国成立初期的四年，从中国人民政治协商会议和地方各界人民代表会议向各级人民代表大会的过渡；二是从1954年到1966年，人民代表大会制度全面确立和曲折发展；三是“文化大革命”的十年，人民代表大会制度遭受严重破坏；四是从粉碎“四人帮”特别是党的十一届三中全会至今，人民代表大会制度恢复和进一步健全，人大工作取得了重大进展。在我们这样一个经历了长期封建社会、缺乏民主和法制传统的大国，真正实行这个制度会遇到很多困难，但是在党的坚强领导下，人民代表大会制度体现出了巨大制度优势和内在自我完善能力，不断克服困难，与时俱进。

党的十八大以来，以习近平同志为核心的党中央高度重视人大制度和人大工作，作了一系列重要讲话、重要论述，推出一系列重大部署，拓展了人民代表大会制度和我国社会主义民主政治的科学内涵、基本特征和本质要求，为推进人民代表大会制度与时俱进，提供了科学理论指导和行动指南。习近平总书记指出：“法治和人治问题是人类政治文明史上的一个基本问题，也是各国在实现现代化过程中必须面对和解决的一个重大问题。综观世界近现代史，凡是顺利实现现代化的国家，没有一个不是较好解决了法治和人治问题的。”① 可以说，也正是基于以上认识，党的十八届四中全会提出全面推进依法治国的总

① 《习近平关于全面依法治国论述摘编》，中央文献出版社2015年版，第12页。

目标和重大任务。

党的十九大明确提出，依法治国是党领导人民治理国家的基本方式。治理一个国家、一个社会，关键是要立规矩、讲规矩、守规矩。法律是治国理政最大最重要的规矩。法律使党领导人民治理国家都有了规范和保障。在实践层面，十三届全国人大一次会议通过宪法修正案明确设立国家监察委员会和地方各级监察委员会。健全宪法实施和监督制度，设立国家宪法日，建立宪法宣誓制度，作出特赦部分服刑罪犯、处理辽宁拉票贿选案等有关决定。修改立法法，完善立法体制和授权立法，赋予273个设区的市、自治州地方立法权。中共中央转发《中共全国人大常委会党组关于加强县乡人大工作和建设的若干意见》，推动基层国家政权建设和完善。出台《关于健全人大讨论决定重大事项制度、各级政府重大决策出台前向本级人大报告的实施意见》，充分发挥人民代表大会制度的优势和功效。实施健全备案审查衔接联动机制，将所有规范性文件纳入备案审查范围等一系列重大制度创新、工作创新，标志着人民当家作主踏上新起点，进入新时代。

三、党的领导是人民当家作主的根本保证

习近平总书记在党的十九大报告中指出:“党政军民学，东西南北中，党是领导一切的。”习近平总书记强调，“中国特色社会主义最本质的特征是中国共产党领导，中国特色社会主义制度的最大优势是中国共产党领导，党是最高政治领导力量”。

坚持党的领导，是历史经验教训的结论。国共合作的大革命时期，我们党还处于幼年时期，对军队领导权重视不足、掌握不够，国民党反动派叛变革命后无力反抗，造成大革命的失败。毛泽东同志吸取教训，在古田会议上确立思想建党、党指挥枪的原则，提高了军队组织性和战斗力。抗日战争时期，为加强党的领导，解决抗日根据地党政

军民关系的不协调问题，1942 年 9 月，中共中央政治局通过了《关于统一抗日根据地党的领导及调整各组织间关系的决定》。中华人民共和国成立后，我们党把坚持党对一切工作的领导确立为重要原则，我国社会主义建设取得重大成就。改革开放之后，我们始终坚持党的集中统一领导，使我国成功应对了一系列重大风险挑战。党的十八大以来，以习近平同志为核心的党中央坚持和贯彻党对一切工作的领导，推动党和国家事业发生历史性变革。在我们党团结带领人民进行改革开放新的伟大革命中，在为实现伟大梦想进行伟大斗争的中国特色社会主义新时代，只有坚持党对一切工作的领导，才能形成有效承担重大任务、应对重大挑战、抵御重大风险的强大合力。

此外，苏联解体则从反面证明了党领导一切的极端重要性。其解体的一个重要原因是，戈尔巴乔夫让苏联共产党“还权于苏维埃”，权力转移导致混乱。1990 年修宪仿效西方建立总统制，苏共领导地位宣告结束。

在全面深化改革深水区，尤其需要加强党的领导，以确保人民当家作主的正确方向。全面深化改革已经进入各种矛盾叠加、风险隐患集聚的深水区，只有坚持党的领导才能确保既不走封闭僵化的老路，也不走改旗易帜的邪路，确保不出现“颠覆性错误”，确保全面深化改革深水区和人民民主的正确方向，确保全面深化改革顺利过险滩并为人民当家作主提供稳定环境，也确保人民当家作主为全面深化改革凝心聚力。

坚持党的领导，是马克思主义政党的本质属性，先进性和纯洁性决定的。马克思指出，无产阶级政党“应该使自己的每一个支部都成为工人协会的中心和核心”[①]。毛泽东同志根据马克思主义基本原理指出：“党是无产阶级的先锋队和无产阶级组织的最高形式，它应该领导一

① 《马克思恩格斯选集》（第一卷），人民出版社 2012 年版，第 558 页。

切其他组织，如军队、政府与民众团体。”[1]放弃任何一个领域的领导权，都有可能丧失政权，都是将党和人民的先进事业拱手相让于落后的势力，都是放弃人民当家作主。

“党性和人民性统一”决定了坚持党的领导本质上就是确保人民当家作主。习近平总书记指出，中国共产党的领导，就是支持和保证人民实现当家作主。他在全国宣传思想工作会议上的讲话中强调，党性和人民性从来都是一致的、统一的。这个“统一”虽然是针对宣传思想工作讲的，但是实际上是明确了党和人民的性质的内在统一性。党的性质和宗旨决定了我们党除了国家、民族、人民的利益，没有任何自己的特殊利益。坚持党的领导，本质上就是为了实现人民当家作主、实现人民根本利益，不是为了实现某种特权、特殊利益。没有党的集中统一领导就不会有社会主义，也不会有真正的民主，只能是群龙无首、一盘散沙。

我们党有着坚持与时俱进、勇于自我革命的品质，因而坚持党的领导能更好地实现人民当家作主。习近平总书记强调，坚持和完善人民代表大会制度，必须毫不动摇坚持中国共产党的领导。要不断加强和改善党的领导，善于使党的主张通过法定程序成为国家意志。要改进党的领导方式和执政方式，保证党领导人民有效治理国家。坚持是前提，加强和改善是为了更好地坚持，两者是内在统一。

毛泽东同志指出：“革命党是群众的向导，在革命中未有革命党领错了路而革命不失败的。”[2]习近平总书记也强调：“古今中外，由于政治发展道路选择错误而导致社会动荡、国家分裂、人亡政息的例子比比皆是。”[3]党的领导是人民当家作主的向导，放弃党的领导就是盲

① 《毛泽东年谱（一八九三—一九四九）》（修订本）（中册），人民出版社 2013 年版，第 400 页。

② 《毛泽东选集》（第一卷），人民出版社 1991 年版，第 3 页。

③ 《习近平谈治国理政》（第二卷），外文出版社 2017 年版，第 285 页。

人瞎马，只能被误导而变成少数人当家作主。

人民当家作主是我们党不懈追求的目标，依法治国作为党领导人民治理国家的基本方式是党在长期革命建设改革中探索形成的重大决策，作为“三者有机统一”根本制度的人民代表大会制度是党结合中国国情探索建立并在不断深化认识基础上完善起来的，在“三者有机统一”之中，党的领导是首要的原则，必须通过依法治国、依法执政，通过人民代表大会制度，贯彻于社会主义民主政治各领域各环节，确保人民当家作主。

作者简介

上海市人大常委会研究室。执笔人：任言理。

第十章

CHAPTER TEN

（二）

坚持和完善人民当家作主的民主政治制度体系

浙江省中国特色社会主义理论体系研究中心

习语

我国社会主义民主是维护人民根本利益的最广泛、最真实、最管用的民主。发展社会主义民主政治就是要体现人民意志、保障人民权益、激发人民创造活力，用制度体系保证人民当家作主。

——习近平

人民当家作主是社会主义民主政治的本质和核心。如何确保人民当家作主真正落实到国家政治生活和社会生活之中，是关系全局、长远的重大理论和现实问题。习近平总书记指出："我国社会主义民主是维护人民根本利益的最广泛、最真实、最管用的民主。发展社会主义民主政治就是要体现人民意志、保障人民权益、激发人民创造活力，用制度体系保证人民当家作主。"[①]

一、中国特色社会主义民主政治的制度体系是历史的选择

民主是人类社会政治发展的共同追求。面对现代社会的不平等、相互依赖、多元、复杂和全球化等事实，并不存在最充分认识民主理想的唯一路径，世界上没有完全相同的民主政治模式。即使在同一政体中，也会存在不同的制度、安排和实践，应以不同的方式方法实现民主的价值与目标，发挥民主的功能与作用。

一个国家实行什么样的政治制度，必须与这个国家的国情和性质相适应。早在新民主主义革命时期，中国共产党就先后在根据地实行工农兵代表大会制度、在抗日民主政权中实行"三三制"原则，对适合国情的政治制度进行了初步探索。社会主义制度确立以后，中国实行工人阶级领导的、以工农联盟为基础的人民民主专政的国体，与之相应地实行人民代表大会制度的政体，实行中国共产党领导的多党合作和政治协商制度、民族区域自治制度和基层群众自治制度，构成了中国特色社会主义民主政治的制度体系。

人民代表大会制度作为中国的根本政治制度，直接体现我国人民民主专政的国家性质，本质是人民当家作主。这一制度是中国人民在

① 《决胜全面建成小康社会　夺取新时代中国特色社会主义伟大胜利——在中国共产党第十九次全国代表大会上的报告（2017 年 10 月 18 日）》，人民出版社 2017 年版，第 35—36 页。

人类政治制度史上的伟大创造，是中国人民翻身作主、掌握自己命运的必然选择。实践充分证明，人民代表大会制度是符合中国国情和实际、体现社会主义国家性质、保证人民当家作主、保障实现中华民族伟大复兴的好制度。

中国共产党领导的多党合作和政治协商制度作为我国一项基本政治制度，是中国共产党、中国人民和各民主党派、无党派人士的政治创造，是中国土生土长的新型政党制度。它是马克思主义政党理论同中国实际相结合的产物；它能够真实、广泛、持久地代表和实现最广大人民根本利益，实现最大范围的团结；它能够通过协商的方式推动决策科学化民主化，避免政党差异带来的社会撕裂。

民族区域自治制度是我国的一项基本政治制度，符合我国统一多民族国家的基本国情，是创造性地解决民族问题的伟大制度创新。这一制度体现了各民族平等、团结、共同发展的基本原则，在维护祖国统一、领土完整，加强民族团结、促进民族地区发展和增强中华民族凝聚力等方面起到了重要作用。

基层群众自治制度是社会主义民主政治的基础性制度，是基层群众通过各种民主渠道和机制积极参与到城乡社区治理、基层公共事务和公益事业中去，依法实现自我管理、自我服务、自我教育、自我监督的制度安排与实践形式。这一制度有利于保障人民依法直接行使民主权利和提高公民意识、民主素质，是中国特色社会主义民主政治最直接、最广泛、最生动的体现。

二、中国特色社会主义民主政治的制度体系具有强大生命力

美国学者弗兰西斯·福山自提出历史终结论以来，始终坚持“民主是历史终结者”的观点。但是，站在 1992 年和 2014 年两个时间节点上，他“对政治发展本性的理解比 1989 年要清晰得多”——“美

国和欧盟在过去数十年来经历了几次严重的经济危机，带来低迷的经济和高企的失业率。虽然美国的经济正在重振，但利益并未得到公平分配”。美国普利策奖终身评审、《纽约时报》专栏作者托马斯·弗里德曼有个奇妙的设想，“要是美国能做一天中国多好！……在这一天里，我们可以制定所有正确的法律规章”，以克服难以迅速作出重大决策的制度弱点。让弗里德曼羡慕的，是一个强大的执政党带来的高效“国家能力”。

中国特色社会主义民主政治正受到世界的关注和重新审视。人民民主是社会主义的生命，没有民主就没有社会主义，就没有社会主义现代化，就没有中华民族伟大复兴。社会主义愈发展，民主也愈发展。社会主义民主政治是中国特色社会主义政治文明建设的伟大成就，最广泛地实现了人民当家作主，充分彰显了中国特色社会主义制度的优越性。它既是中国历史传承与文化传统的延续，又是经济社会发展基础上长期发展、渐进改进、内生性演化的结果；它既有科学的指导思想，又有严谨的制度安排；它既有明确的价值取向，又有有效的实现形式和可靠的推动力量。

中国特色的社会主义民主政治是当代中国政治发展的根本制度保障，是维护人民根本利益的最广泛、最真实、最管用的民主。人民代表大会制度等四大民主制度，坚持把根本政治制度同基本政治制度结合起来，坚持把国家层面民主制度同基层民主制度结合起来。这些制度安排既是国家政治发展道路和政治构架的宏观制度，又是确保人民当家作主真正落实到国家政治生活和社会生活之中的微观制度；既能有效保证人民享有更广泛、更充实的权利和自由，能够广泛参与国家治理，又能够有效调节国家政治关系，发展充满活力的政党关系、民族关系、宗教关系、阶层关系、海内外同胞关系，增强民族凝聚力，维护安定团结；既能够集中力量办大事，有效促进生产力发展，提高人民生活水平，又能够维护国家独立自主，维护国家主权、安全和发展利益。

中国特色的社会主义民主政治坚持党的领导、人民当家作主和依法治国的有机统一，聚焦保证人民当家作主。党的领导是人民当家作主和依法治国的根本保证，人民当家作主是社会主义民主政治的本质特征，依法治国是党领导人民治理国家的基本方式。在社会主义民主政治的制度与实践中，三者始终是有机统一的，共同聚焦于保证人民当家作主。坚持党的领导，提高党把方向、谋大局、定政策、促改革的能力和定力，确保党始终总揽全局、协调各方，领导人民有效治理国家。坚定不移走中国特色社会主义法治道路，完善以宪法为核心的中国特色社会主义法律体系，推进科学立法、民主立法、依法立法，以良法促进发展、保障善治。归根到底，坚持党的领导和依法治国，就是坚持国家一切权力属于人民，坚持人民民主，保证人民依法行使民主权利，依法管理国家和社会事务。

中国特色的社会主义民主政治是不断发展的制度体系，具有强大的自我革新能力。习近平总书记指出："制度自信不是自视清高、自我满足，更不是裹足不前、固步自封，而是要把坚定制度自信和不断改革创新统一起来，在坚持根本政治制度、基本政治制度的基础上，不断推进制度体系完善和发展。"① 中国特色社会主义民主政治制度体系把我国社会主义民主政治的优势和特点充分发挥出来，为人类政治文明进步提供中国方案、贡献中国智慧。但这并不是说中国特色社会主义政治制度体系就完美无缺了，不需要改革发展了。改革开放以来，我们积极稳妥地推进政治体制改革，仅党中央部门就集中进行了五次改革，国务院机构集中进行了八次改革，为坚持和发展中国特色民主

① 《习近平谈治国理政》（第二卷），外文出版社 2017 年版，第 289 页。

政治制度体系提供了重要体制机制保障。

三、推进中国特色社会主义民主政治制度体系的完善和发展

1992 年，邓小平说："恐怕再有三十年的时间，我们才会在各方面形成一整套更加成熟、更加定型的制度。"[①] 坚持走中国特色的政治发展道路，完善社会主义民主政治的制度体系，我们必须在学习借鉴一切人类文明优秀成果的基础上不断实现自我完善。在新的奋斗征程上，我们要把坚定制度自信和不断改革创新统一起来，全方位提高制度质量，增强制度弹性、精确性与执行力，切实加强人民当家作主的制度保障。

坚持和完善党的领导。中国特色社会主义最本质的特征是中国共产党的领导，中国特色社会主义制度的最大优势也是中国共产党的领导。"中国共产党是国家最高政治领导力量，是实现中华民族伟大复兴的根本保证。东西南北中，党政军民学，党是领导一切的"。[②] 发展社会主义民主政治，党的领导是其根本前提，更是完善其制度体系的根本性保障。加强党的领导，坚决维护习近平总书记党中央的核心、全党的核心地位，必须建立健全坚持和加强党的全面领导的制度体系，确保党的领导更加坚强有力。进一步健全党中央集中统一领导重大工作的体制机制；深化党和国家机构改革，努力从职能上解决党对一切工作领导的体制机制问题，构建系统完备、科学规范、运行高效的党和国家机构职能体系。

坚持和完善人民代表大会制度。人民代表大会制度是我国的根本政治制度，体现社会主义制度的优越性和社会主义民主的广泛性，要

---

① 《改革开放三十年重要文献选编》(上)，人民出版社 2008 年版，第 634 页。

② 《在第十三届全国人民代表大会第一次会议上的讲话》，人民出版社 2018 年版，第 13 页

继续通过这一制度牢牢把国家和民族前途命运掌握在人民手中。坚持和完善人民代表大会制度，必须毫不动摇地坚持党的领导，保证党的路线方针政策和决策部署在国家工作中得到全面贯彻和有效执行；进一步保证和发展人民当家作主，支持和保证人民通过人民代表大会行使国家权力，发展更加广泛、充分和健全的人民民主；全面推进依法治国，使民主制度化、法律化，实现国家各项工作法治化；更好地坚持民主集中制，切实贯彻落实好这一国家组织形式和活动方式的基本原则，保证国家统一高效组织推进各项事业。

坚持和完善党领导下的多党合作和政治协商制度。坚持党的领导，坚持四项基本原则，坚定不移贯彻长期共存、互相监督、肝胆相照、荣辱与共的方针；加强中国共产党和各民主党派之间的合作与协商，着力发挥好民主党派和无党派人士在人大和政协等制度平台中的积极作用；支持民主党派加强自身建设，共同致力于建设有中国特色的社会主义和统一祖国、振兴中华的伟大事业；推动协商民主广泛、多层、制度化发展，构建程序合理、环节完整的社会主义协商民主体系，确保协商民主有制可依、有规可守、有章可循、有序可遵，充分发挥协商民主这一社会主义民主的独特优势；发挥人民政协作为协商民主重要渠道和专门协商机构的作用，拓宽民主协商渠道，深入开展多种协商，完善各类协商载体和协商途径，建立健全协商方式与方法，形成完备的制度程序和全面的参与实践。

坚持和完善民族区域自治制度。牢牢把握正确的政治方向，坚定不移地走中国特色社会主义政治发展道路，不断增强坚持统一和自治、民族因素和区域因素的正确结合，各级党委特别是民族自治地方党委都要负起领导民族自治制度实施的责任。积极创造条件，千方百计加快少数民族和民族地区经济社会发展，大力改善民生，是解决民族地区各种问题的总钥匙，是落实民族区域自治制度的关键所在。坚持将依法治国基本方略贯穿到民族工作全领域、各环节，健全以民族区域自治法为主干的民族法治体系，用法律来规范民族关系、保障民族团结，是落实民族区域自治制度的重点。

坚持和完善基层群众自治制度。确保人民民主权利的享有和落实，是坚定不移走中国特色社会主义政治发展道路的重要任务。坚持和完善基层民主，不断加固社会主义民主政治建设的人民之基，必须进一步完善相关法律法规建设，进一步提高基层群众自治的可操作性；进一步理顺政府与基层群众自治组织之间的关系，切实保障基层群众自治组织的自治权；不断提高基层群众自治的制度化水平，畅通基层选举、议事、公开、述职、问责等民主渠道，健全基层自治机制，既充分保障人民依法直接行使民主权利，又积极引导群众自治纳入制度化轨道。

中国特色社会主义进入新时代，我们要更加坚定不移地沿着中国特色社会主义政治发展道路前进，充分发挥社会主义政治制度的优越性，完善人民当家作主的民主政治制度体系，为我国经济社会发展提供可靠的政治制度保障。

作者简介

浙江省中国特色社会主义理论体系研究中心是中共中央宣传部直接联系指导的15家国家级研究中心之一。“中心”以“国家工程、浙江基地”为标准，坚持“一中心、多基地”发展模式，统筹在浙高校、科研院所等一线科研力量，紧密围绕学习研究宣传阐释习近平新时代中国特色社会主义思想这一主题，深入开展课题研究和学术活动。执笔人：徐友龙、胡海良、唐玉。

第十一章

CHAPTER ELEVEN

新时代中国特色社会主义文化的鲜明特征

湖南省中国特色社会主义理论体系研究中心

习语

没有高度的文化自信，没有文化的繁荣兴盛，就没有中华民族伟大复兴。

一个民族、一个国家的核心价值观必须同这个民族、这个国家的历史文化相契合，同这个民族、这个国家的人民正在进行的奋斗相结合，同这个民族、这个国家需要解决的时代问题相适应。

——习近平

《纲要》第十一部分，对新时代中国特色社会主义文化建设作了深刻阐述，回答了为什么开展文化建设、建设怎样的文化以及如何开展文化建设等一系列根本性问题。我们要不断推动社会主义文化繁荣兴盛，必须学好用好《纲要》，注意从先进性、人民性、时代性和民族性的维度，全面把握新时代中国特色社会主义文化的鲜明特征。

一、牢牢把握新时代中国特色社会主义文化的先进性

新时代中国特色社会主义文化之所以先进，就在于它体现了生产力发展的新要求，符合历史潮流和趋势，符合人类社会发展方向，代表人民群众根本利益。发展新时代中国特色社会主义文化，就是以马克思主义为指导，坚守中华文化立场，立足当代中国现实，结合当今时代条件，发展面向现代化、面向世界、面向未来的，民族的科学的大众的社会主义文化，推动社会主义精神文明和物质文明协调发展。从内在特质来看，新时代中国特色社会主义文化先进性归根结底在于始终坚持马克思主义的指导地位。《纲要》指出，发展中国特色社会主义文化，必须坚持以马克思主义为指导。在新时代，文化建设就要坚持以习近平新时代中国特色社会主义思想这一当代中国的马克思主义为前进指南。

坚持马克思主义的指导地位不动摇，是方向性、根本性、全局性问题，就是要坚持中国共产党的文化立场，要用马克思主义的立场、观点和方法来研究文化、来指导文化发展，关键和核心是坚持历史唯物主义和辩证唯物主义；就是要坚持文化的社会主义性质，与资本主义文化形态区别开来，坚持为社会主义服务、为人民服务的文化发展方向。习近平新时代中国特色社会主义思想是马克思主义基本原理与新时代中国特色社会主义发展实践相结合的伟大成果，从理论和实践上回答了新时代文化建设的目标任务和总体布局等基本问题，提出

了一系列具有开创意义的文化发展新理念新思想新战略。这一思想坚持以发展的观点、联系的观点和实践的观点来设计文化建设框架，构建了科学的文化体系，指引着社会主义先进文化的发展方向。要深刻认识习近平新时代中国特色社会主义思想的重大意义、实践要求和科学体系，把这一思想作为文化建设的度量衡和定盘星，贯彻文化建设的全过程，不断增强全党全国人民团结奋斗的共同思想基础，使中国特色社会主义文化建设始终坚定不移朝着正确方向前进。

坚持文化的先进性，就要勇于同错误的思想和思潮作斗争，坚决抵制噪音和杂音。要分清正确与谬误、主流与支流，保持文化发展的定力，始终坚持和发展中国特色社会主义文化发展方向，既不走封闭僵化的老路，也不走改旗易帜的邪路。要坚持五四新文化运动以来开辟的文化发展方向和道路，既要坚决反对全盘西化，反对“普世价值论”等一系列错误思想，旗帜鲜明地反对历史虚无主义和文化虚无主义，又要反对全盘“儒化”和复古化，坚守中华文化立场，发展民族的科学的大众的社会主义文化。

坚持以习近平新时代中国特色社会主义思想指导文化建设，不是抽象的而是具体的，不能当作口号，而应付诸实践。要践行和培育社会主义核心价值观，培养有理想、有道德、有文化、有纪律的社会主义公民。要积极倡导建设“富强、民主、文明、和谐”的国家，倡导建设“自由、平等、公正、法治”的社会，倡导培育“爱国、敬业、诚信、友善”的社会主义公民。以先进文化引领人民群众的物质文明和精神文明建设，丰富人民群众的精神境界，凝聚起实现中华民族伟大复兴的磅礴力量。

二、牢牢把握新时代中国特色社会主义文化的人民性

《纲要》从多个方面阐述了新时代中国特色社会主义文化的人民

性，指出：“要坚持为人民服务、为社会主义服务，坚持百花齐放、百家争鸣，坚持创造性转化、创新性发展，不断铸就中华文化新辉煌。”从执政党的性质来看，中国共产党代表中国最广大人民的根本利益，党领导下的文化建设必然服务于最广大人民的根本利益；从中国共产党的宗旨来看，全心全意为人民服务是党的根本宗旨，这就决定了社会主义文化建设的出发点是为人民服务；从社会制度来看，以实现人民当家作主为要素的社会主义制度是我国的根本制度，在社会主义制度下的文化建设必然服务于人民当家作主。不管社会形势如何发展变迁，中国特色社会主义文化始终是为人民服务的文化，始终坚持人民性这一根本属性。

随着中国特色社会主义进入新时代，人民群众的文化需要日益增长。党的十九大报告指出，中国特色社会主义进入了新时代，我国社会主要矛盾已经转化为人民日益增长的美好生活需要和不平衡不充分的发展之间的矛盾。人民日益增长的美好生活需要，在基础层次上是物质性需要，在深层次上是精神文化需要。随着社会生产力不断提高，人民群众的物质性需要得到很大程度的满足，开始追求更高层次的精神文化需要，这就对新时代中国特色社会主义文化建设提出了新的更高要求。习近平总书记指出：“坚持人民性，就是要把实现好、维护好、发展好最广大人民根本利益作为出发点和落脚点，坚持以民为本、以人为本。”① 社会主义文化建设需坚持人民性，把满足人民精神文化需求作为文化建设的根本出发点，切实做到文化建设一切为了群众，一切依靠群众，一切服务群众。

坚持中国特色社会主义文化的人民性，就要在文化建设中坚持以人民为中心的导向。坚持以人民为中心的创作导向，扎根于人民群众中体验最真实的感受，积极反映人民群众的喜怒哀乐，创作出反映人民群众在生活中努力拼搏、积极向上精神的高质量作品。坚持以人民为中心的研究导向，在哲学社会科学工作中聚焦人民群众的社会主义建设实践，着重围绕人民群众的所思所想来研究问题。增强问题意识，从当前重大理论和现实问题入手，以马克思主义为指导来分析解决问题，为时代发展贡献思想和理论的力量。坚持以人民为中心的宣传导向，把镜头聚焦人民群众中涌现出来的优秀人物和典型事迹，讴歌人民群众的伟大实践。特别是在宣传工作中要敢于亮剑，牢牢把住新闻导向关，对误导人民群众的言论要进行有力的澄清和驳斥。坚持以人民为中心的工作导向，坚持把社会效益放在首位、社会效益和经济效益相统一，立足于人民群众的文化需求来提高文化供给能力，推动文化快速发展。不断完善公共文化服务体系和文化管理体制，推动各类文化市场主体茁壮成长，使人民群众享受到称心如意的文化服务。

---

① 《习近平谈治国理政》，外文出版社 2014 年版，第 154 页。

三、牢牢把握中国特色社会主义文化的时代性

《纲要》指出："在人类发展的每一个重大历史关头，文化都能成为时代变迁、社会变革的先导。"一个国家和社会的文化必须与其奋斗的时代目标相结合，与其需要解决的时代问题相适应。文化是时代精神的体现，文化随着时代的发展而发展。马克思主义认为，社会存在决定社会意识，有什么样的社会存在，就有什么样的社会意识。中国特色社会主义文化与中国特色社会主义的时代发展形势紧密相关，是在改革开放和社会主义现代化建设中形成的，为坚持和发展中国特色社会主义提供精神动力。

随着中国特色社会主义进入新时代，文化建设具有新的时代使命。习近平总书记强调："当代中国共产党人和中国人民应该而且一定能够担负起新的文化使命，在实践创造中进行文化创造，在历史进步中实现文化进步!"[①]《纲要》指出："要自觉承担起举旗帜、聚民心、育新人、兴文化、展形象的使命任务，不断增强脚力、眼力、脑力、笔力，努力在实践创造中进行文化创造，在历史进步中实现文化进步。"新时代的文化使命就是坚定文化自信、推动中国特色社会主义文化繁荣兴盛，就是要为实现"两个一百年"奋斗目标和实现中华民族伟大复兴的中国梦提供精神力量。

实现新时代的文化使命必然面临许多新课题。比如，面对蓬勃发展的互联网，如何掌握新时代网上意识形态主导权?面对人民群众思想价值取向多元化，如何有效地夯实新时代中国特色社会主义的思想道德基础?针对这些问题，《纲要》指出："坚持守正创新，重点抓好

① 《决胜全面建成小康社会　夺取新时代中国特色社会主义伟大胜利——在中国共产党第十九次全国代表大会上的报告(2017年10月18日)》，人民出版社2017年版，第44页。

理念创新、手段创新、基层工作创新，让一切文化创造源泉充分涌流，使中国特色社会主义文化始终反映时代精神、引领时代潮流。”这就要求我们在文化建设中，抓住主要矛盾，不断创新工作方式方法，坚持中国特色社会主义文化建设的前进方向。着力用社会主义核心价值观凝心聚力，把社会主义核心价值观的要求体现到政策法规中，广泛开展社会主义核心价值观宣传教育，努力培养担当民族复兴大任的时代新人。着力加强网络环境治理，在互联网战场上高扬意识形态主旋律，牢牢掌握网上意识形态主导权。科学认识网络传播规律，加快运用人工智能等新科技，推进网上宣传理念、内容、形式、方法、手段等创新，营造健康的网络生态。不断加快媒体融合发展，打造一批听党指挥、战斗力强的新型主流媒体，牢牢占据网上思想舆论引领的制高点。着力创新新时代的文艺工作，培养一批优秀的文艺工作者，打造坚固的文艺战线。坚持从新时代的伟大社会主义实践中发掘文化创作的主题，适应互联网技术发展和新媒体特点的文艺形态，不断推出讴歌社会主义建设的精品力作，用新时代的文艺精神烛照现实生活。

四、牢牢把握中国特色社会主义文化的民族性

《纲要》指出:“中华优秀传统文化是中华民族的根和魂，是中国特色社会主义植根的文化沃土。”习近平总书记是中华优秀传统文化的坚定践行者，在多个场合都讲过他小时候读岳飞的小人书，而把“精忠报国”作为一生追求的故事。他高度重视传承弘扬中华优秀传统文化，并作了一系列重要论述，比如“精神命脉论”：中华优秀传统文化是中华民族的精神命脉，是涵养社会主义核心价值观的重要源泉，也是我们在世界文化激荡中站稳脚跟的坚实根基[①]；比如“文化

① 《在文艺工作座谈会上的讲话（2014年10月15日）》，人民出版社2015年版，第25页。

根脉论”：中华优秀传统文化是中华民族的文化根脉，其蕴含的思想观念、人文精神、道德规范，不仅是我们中国人思想和精神的内核，对解决人类问题也有重要价值[①]；比如“精神基因论”：我们的同胞无论生活在哪里，身上都有鲜明的中华文化烙印，中华文化是中华儿女共同的精神基因[②]。这些论断，指出了中华民族优秀传统文化是新时代中国特色社会主义文化的重要来源，传承了中华民族五千年文明底蕴，是中华民族走向伟大复兴的精神源泉。

《纲要》强调，“实现中华民族伟大复兴，必须结合新的时代条件传承和弘扬中华优秀传统文化”。中华优秀传统文化是中国传统文化中的精华部分，蕴含中华民族数千年的思想智慧，对当前中国的改革和发展仍然具有重要的启迪和指导作用。新时代中国特色社会主义文化建设的重要使命是实现中华民族伟大复兴，必然要从中华优秀传统文化中汲取养分，不断推动中华优秀传统文化创造性转化、创新性发展，让中华文化展现新辉煌。

不忘本来才能开辟未来，善于继承才能更好创新。怎样推动中华优秀传统文化的继承与创新？如何在中华传统文化中甄别出优秀传统文化的部分，摒弃糟粕文化的部分？部分中华优秀传统文化在现代社会中传承困难，很多民间传统文化艺术形式，如皮影戏、花鼓戏等面临失传的窘境，如何让中华优秀传统文化结合新时代的特点展现出受人民群众喜爱的表现形式？人民群众对西方文化的态度既存在“外国的月亮比国内圆”的错误思潮，也存在“全盘否定西方文化”的片面观点，如何对西方文化取其精华、去其糟粕？我们要回答好这些问题，必须在创新发展中华优秀传统文化的过程中，把不忘本来、面向

---

① 《习近平在全国宣传工作会议上强调　举旗帜聚民心育新人兴文化展形象　更好完成新形势下宣传思想工作使命任务》，《人民日报》2018 年 8 月 23 日。

② 《习近平谈治国理政》（第一卷），外文出版社 2018 年版，第 64 页。

未来和吸收外来相结合。坚持不忘本来，以马克思主义基本原理和中国特色社会主义实践要求为标准，让中华优秀传统文化在新时代发扬光大。认真汲取中华优秀传统文化的思想精华和道德精髓，深入挖掘和阐发中华优秀传统文化在新时代文化建设中的价值。把传统文化资源用好用活，让人民群众在潜移默化中接受优秀传统文化的洗礼。坚持面向未来，按照时代特点对优秀传统文化加以改造，赋予符合新时代的内涵和表达形式，增强其生命力和传播力。坚持吸收外来，倡导以我为主、兼收并蓄，用学习借鉴的态度吸收各国人民创造的优秀文明成果。大力向世界讲好中国故事，从中国改革发展的伟大实践中总结规律，为解决世界问题提供中国智慧。

作者简介

湖南省中国特色社会主义理论体系研究中心站在坚定“四个自信”、增强“四个意识”的高度，深入研究回答重大理论和现实问题，积极推进习近平新时代中国特色社会主义思想和党的十九大精神的学习宣传和研究阐释工作。“中心”在中央“三报一刊”发表了一大批研究阐释党的创新理论的文章。执笔人：殷晓元、旷重林。

第十二章

CHAPTER TWELVE

用新思想带领人民
创造幸福美好生活

刘娜

习语

让老百姓过上好日子是我们一切工作的出发点和落脚点。

贫穷不是社会主义。如果贫困地区长期贫困，面貌长期得不到改变，群众生活长期得不到明显提高，那就没有体现我国社会主义制度的优越性，那也不是社会主义。

——习近平

壮阔东方潮，奋进新时代。以习近平同志为核心的党中央不忘初心，牢记使命，从“四个全面”战略布局切入，以新发展理念为支撑，统筹推进“五位一体”总体布局，使党和国家面貌发生了日新月异的变化。在新的历史方位和时代背景下，《纲要》的出版发行振奋人心。《纲要》第十二部分以“带领人民创造更加幸福美好生活——关于新时代中国特色社会主义社会建设”为题，系统阐发了坚持以人民为中心的治国理政思想，阐述了改善民生和创新社会治理中的关键问题，阐明了带领人民创造幸福美好生活是中国共产党人砥砺前行的理想信念和价值追求。

一、深刻领会发展是为了谁

中国共产党是马克思主义理论武装之下的政党。马克思主义理论之所以能够成为强大的思想武器，之所以能够落地生根，是因为它从产生之初就带领广大人民群众遵循历史规律，求得自身解放，为全人类共同解放而奋斗不息。马克思、恩格斯曾明确指出：“过去的一切运动都是少数人的，或者为少数人谋利益的运动。无产阶级的运动是绝大多数人的，为绝大多数人谋利益的独立的运动。”① 马克思主义理论彰显了共产党人大公无私，与广大人民群众万众一心、众志成城的磅礴力量。“全党必须牢记，为什么人的问题，是检验一个政党、一个政权性质的试金石。带领人民创造美好生活，是我们党始终不渝的奋斗目标。”② 在马克思主义理论武装之下，无论是过去、还是现在，无论在旧世界、还是在新时代，“不忘初心，牢记使命”永远是共产党人的品格和底色。

---

① 《马克思恩格斯选集》（第一集），人民出版社 2012 年版，第 411 页。

② 《决胜全面建成小康社会　夺取新时代中国特色社会主义伟大胜利——在中国共产党第十九次全国代表大会上的报告（2017 年 10 月 18 日）》，人民出版社 2017 年版，第 44—45 页。

习近平新时代中国特色社会主义思想坚持以人民为中心，坚持将人的发展作为中心任务，强调中国特色社会主义的社会建设始终以增进民生福祉作为发展的根本目的。历史证明，无论人类社会发展到哪种形态、哪个阶段，都有其基本逻辑和价值遵循，不同的社会发展思想对人类实践均会产生深远影响。封建社会以封建土地所有制为主导，遵守封建宗法等级，始终维护土地所有者的核心利益。资本主义社会以私有制为基础，由少数个人占有生产资料，以资本逻辑控制分配、掌控民生。在社会主义中国，发展应该以什么为中心？若坚持以GDP为中心，则意味着社会发展追求的是经济效益和指标。坚持以人为发展中心，则意味着国家和社会发展以人的幸福和全面自由发展为根基。《纲要》中反复强调："对幸福生活的追求是推动人类文明进步最持久的力量。""为人民谋幸福，是中国共产党人的初心。""增进民生福祉是我们党坚持立党为公、执政为民的本质要求。"中国共产党人必须始终把人民放在心中最高位置，始终全心全意为人民服务，始终为人民利益和幸福而努力奋斗。

"坚持在发展中保障和改善民生。"发展是党执政兴国的第一要务。以人民为中心的发展，是回应人民期待的发展，不能让群众得到实际利益的发展就失去了意义，也不可能持续。经济发展是民生改善的物质基础，一个国家的经济发展水平决定了其保障和改善民生的实力。

"抓民生也是抓发展"，要始终把推动经济发展与实现民生改善有机联系起来。在实践中，以推动经济发展作为改善民生的前提，把抓民生作为推动经济发展的动力，强调抓民生不仅能解决人民的后顾之忧，更能调动人民生产生活的积极性，释放居民消费潜力，拉动内需，催生新的经济增长点，从而为我国经济发展、转型升级带来强大的内生动力。

二、充分认识发展要依靠谁

马克思、恩格斯认为，人的发展与社会发展是一致的。社会由个人组成，但不是个人的机械相加，而是由无数个人结成一定社会关系的有机整体。社会的全面进步是推动并实现人的全面自由发展的条件，而每个人的全面自由发展又是人类社会发展进步的动力和基石。经济的发展、民生的改善、教育的提高、社会治理能力的增强是衡量社会发展进步的指标，也是提升人的全面自由发展能力的体现。新时代，党中央坚持以民为本、以人为本的执政理念，把民生工作和社会治理工作作为社会建设的两大根本任务，高度重视、大力推进，改革发展成果更多更公平惠及全体人民，也为人民接受教育、拥有健康体魄和全面发展创造了更为广阔的条件和空间。在理论发展和实践探索中，中国共产党人始终坚守初心，坚信社会发展必须依靠人民。

《纲要》指出："人民是历史的创造者，是决定党和国家前途命运的根本力量。""中国共产党之所以能够发展壮大，中国特色社会主义之所以能够不断前进，正是因为依靠人民。"谋划发展，最了解实际情况的是人民；推动改革，最大的依靠力量，还是人民。党作为最高政治领导力量，是建立在人民是决定党和国家前途命运的根本力量这个深厚伟力基础之上。

回顾我国革命、建设、改革的伟大实践，中国人民始终是历史的推动者。新民主主义革命时期，在党的领导下，广大人民群众奋不顾身，形成排山倒海的革命洪流，最终推翻了压在头上的三座大山，实现了民族独立、人民解放、国家统一。社会主义革命和建设时期，中国人民在一穷二白的基础上，用冲天干劲儿，短时间内实现了社会主义制度的伟大跨越。在改革开放的新时期，推动改革发展的新经验、新举措是人民在实践中"摸着石头过河"，大胆探索、创造出来。建党 98 年来，我们党所取得的成就是从依靠人民中来的，从党与人民的努力奋斗中来的。党始终与人民风雨同舟、生死与共，始终与人民心连心、同呼吸、共命运。

三、科学定位发展中要怎么做

“大道至简，实干为要。”当代中国正经历着我国历史上最为广泛而深刻的社会变革，也正进行着人类历史上最为宏大而独特的创新实践。这种伟大实践，为理论创作和学术繁荣提供了强大动力和广阔空间。一个理论能够面向实践，不仅取决于共产党人以怎样的立场、怎样的态度、怎样的观点、怎样的方法展开实践，还取决于理论自身的品格，取决于其把握和解决实践矛盾的能力。

新时代无论是打赢三大攻坚战，实现精准脱贫，还是打造共建共治共享的社会治理格局，历史和现实都告诉我们，以“现实的普遍利益”为立足点的实践，必然是人类实践中的最高形态。在马克思所讲的“现实的人”的生产和生活实践中，人与社会交互作用，才能实现共同发展。社会治理水平的现代化、社会脱贫致富能力的提高，是新时代社会发展与进步的重要指标，是人在社会中主体性、能动性的彰显，是人们的实践能力和改造社会能力的集中体现。

发展中要坚持重点论与两点论的辩证统一，要抓重点、补短板、强弱项，打好攻坚战。农村贫困人口脱贫是最突出的短板。《纲要》指出:“贫困不是社会主义。如果贫困地区长期贫困，面貌长期得不到改变，群众生活长期得不到明显提高，那就没有体现我国社会主义制度的优越性，那也不是社会主义。”党的十八大以来，党中央实施精准扶贫、精准脱贫，加大扶贫投入，创新扶贫方式，扶贫开发工作呈现新局面。李克强在 2019 年政府工作报告中指出:“精准脱贫有力推进，农村贫困人口减少 1386 万，易地扶贫搬迁 280 万人……资助

各类学校家庭困难学生近1亿人次。棚户区住房改造620多万套，农村危房改造190万户。城乡居民生活水平又有新提高。”《纲要》指出：“民生是人民幸福之基、社会和谐之本”，“让老百姓过上好日子是我们一切工作的出发点和落脚点”。

“加强和创新社会治理，关键在体制创新，核心是人。”恩格斯指出：“我们的目的是要建立社会主义制度，这种制度将给所有的人提供健康而有益的工作，给所有的人提供充裕的物质生活和闲暇时间，给所有的人提供真正的充分的自由。”① 这就是“更加幸福美好生活”的终极归宿。

马克思曾经说过：“批判的武器当然不能代替武器的批判，物质力量只能用物质力量来摧毁；但是理论一经掌握群众，也会变成物质力量。”② 只有在科学理论的武装、带领之下，人民的主体性才会不断提高，人民的获得感、幸福感、安全感才能不断增强，人与社会才能更好实现和谐发展。

---

① 《马克思恩格斯全集》（第二十八卷），人民出版社2018年版，第652页。

② 《在纪念马克思诞辰200周年大会上的讲话2018年5月4日》，人民出版社2018年版，第6页。

作者简介

刘娜，天津大学马克思主义学院教授、学科带头人、博士后，中央马克思主义理论和建设工程专家，天津市中国特色社会主义理论体系研究中心研究员。曾先后入选天津市中青年骨干创新人才计划、天津市“131”创新型人才培养计划（二层次）、天津市优秀博士后国际化培养计划、高校思政课“领航学者”等。

第十三章

CHAPTER THIRTEEN

（一）

从战略的高度稳步推进美丽中国建设

周锦涛

习语

推动形成绿色发展方式和生活方式，是发展观的一场深刻革命。

要像保护眼睛一样保护生态环境，像对待生命一样对待生态环境。

——习近平

党的十八大以来，以习近平同志为核心的党中央站在坚持和发展中国特色社会主义、实现中华民族永续发展的战略高度，把生态文明建设作为统筹推进“五位一体”总体布局和协调推进“四个全面”战略布局的重要内容，围绕“为什么建设生态文明、建设什么样的生态文明、怎样建设生态文明”等重大理论与实践问题，提出了一系列新理念新思想新战略，形成了科学、系统的习近平生态文明思想，为稳步推进美丽中国建设提供了明确的思想指引、实践遵循和前进动力。

一、人与自然和谐共生理念贯穿美丽中国建设进程

习近平总书记强调：“自然是生命之母，人与自然是生命共同体，人类必须敬畏自然、尊重自然、顺应自然、保护自然。”[①] 这句话明确指出了人与自然相互依存的密切关系。中国传统文明特别强调“天人合一”“道法自然”，认为人和自然在本质上是相通的，故一切人事均应顺乎自然规律，达到人与自然和谐。改革开放四十多年来的快速发展，我国经济建设取得历史性成就，但也积累了大量的生态环境问题。各类环境问题呈高发态势。而建设中国特色社会主义，就是要实现人与自然和谐发展，就是要建设以资源环境承载力为基础、以自然规律为准则、以可持续发展为动力、以实现美丽中国满足人民美好生活需求为目标的资源节约型、环境友好型社会。为此，习近平总书记多次提到，要“像保护眼睛一样保护生态环境，像对待生命一样对待生态环境”，绝不能以牺牲生态环境为代价来换取经济的一时发展，必须加强建设人与自然和谐共生的现代化，建设望得见山、看得见水、记得住乡愁的美丽中国。

① 《在纪念马克思诞辰 200 周年大会上的讲话（2018 年 5 月 4 日）》，人民出版社 2018 年版，第 21 页。

二、改善人民美好生活始终体现美丽中国建设宗旨

坚持以人民为中心是新时代坚持和发展中国特色社会主义的基本方略之一，也是习近平生态文明思想与建设美丽中国进程中人民立场的鲜明体现。随着改革开放以来社会高速发展和人民生活水平显著提高，生态环境在人民心中的地位不断凸显，呈现出从“求生存”到“求生态”、从“盼温饱”到“盼环保”的心理转变，生态环境问题成为日益重要的民生问题。习近平总书记指出，“生态环境是关系党的使命宗旨的重大政治问题，也是关系民生的重大社会问题”，“良好生态环境是最普惠的民生福祉，坚持生态惠民、生态利民、生态为民，重点解决损害群众健康的突出环境问题，不断满足人民日益增长的优美生态环境需要”。[①] 坚决打好生态环境保护攻坚战，必须坚持以人民为中心的发展思想，把保护环境作为重大民生民心工程，增加优质生态产品供给，满足人民群众对良好生态环境的新期待，提升人民群众获得感、幸福感。各级党委和政府必须清醒认识保护生态环境、治理环境污染的紧迫性和艰巨性，清醒认识加强生态文明建设的重要性和必要性，以改善生态环境质量为核心，以解决大气、水、土壤污染等突出问题为重点，坚持把节约优先、保护优先、自然恢复作为基本方针，把绿色发展、循环发展、低碳发展作为基本途径，把培育生态文化作为重要支撑，把重点突破和整体推进作为工作方式，持续加强生态保护，共同把祖国的生态环境建设好、保护好。

三、改革创新为建设美丽中国提供动力源泉

推进生态文明和美丽中国建设，改革是关键与根本动力。习近平

---

① 《习近平在全国生态环境保护大会上强调　坚决打好污染防治攻坚战　推动生态文明建设迈上新台阶》，《人民日报》2018 年 5 月 20 日。

总书记指出：“推动形成绿色发展方式和生活方式，是发展观的一场深刻革命。”[①] 建设生态文明是一场涉及生产方式、生活方式、思维方式和价值观念的革命性变革，关键就是要加快形成绿色发展方式和生活方式，使我们的国家天更蓝、山更绿、水更清、环境更优美。实现绿色发展这样的根本性变革，必须深化生态文明体制改革，尽快把生态文明制度的“四梁八柱”建立起来，明确划定并严守生态保护红线、环境质量底线、资源利用上线，把生态文明建设纳入法治化轨道；调整经济结构和能源结构，统筹山水林田湖草系统治理，优化国土空间开发布局，调整区域流域产业布局，培育壮大节能环保产业、清洁生产产业、清洁能源产业，推进资源全面节约和循环利用，实现生产系统和生活系统循环链接；倡导简约适度、绿色低碳的生活方式，通过生活方式绿色革命，倒逼生产方式绿色转型，将建设美丽中国转化为全体人民的自觉行动。

四、生态文明建设是实现美丽中国的必然路径

生态兴则文明兴，生态衰则文明衰。生态文明建设，主要是指人类在利用和改造自然的过程中，自觉保护自然，积极改善和优化人与自然的关系，建设健康有序的生态运行机制和良好的生态环境。党的十八大以来，在习近平生态文明思想指导下，立足中国国情，我国生态文明建设全面提速、成效显著，同时也引起了国际社会的高度关注与肯定。习近平总书记指出：“要实施积极应对气候变化国家战略，推动和引导建立公平合理、合作共赢的全球气候治理体系，彰显我国负责任大国形象，推动构建人类命运共同体。”[②] 当前，我国生态文明

① 《习近平谈治国理政》（第二卷），外文出版社 2017 年版，第 395 页。

② 《习近平在全国生态环境保护大会上强调　坚决打好污染防治攻坚战　推动生态文明建设迈上新台阶》，《人民日报》2018 年 5 月 20 日。

建设正处于压力叠加、负重前行的关键期，已进入提供更多优质生态产品以满足人民日益增长的优美生态环境需要的攻坚期，也到了有条件有能力解决生态环境突出问题的窗口期，此时更应该集中精力深入推进生态文明建设，抓好生态环境保护，坚决打好污染防治攻坚战，大力推动绿色发展，不断满足人民群众日益增长的优美生态环境需要。

五、制度与法治为建设美丽中国提供坚强保障

不以规矩，不能成方圆；不以严法，难以成升平。当前，我国生态环境出现的突出问题大多与体制不健全、制度不严格、法治不严密、执行不到位、惩处不得力相关，因此，必须切实加强制度建设，加快生态文明体制改革，把生态文明建设纳入制度化、法治化轨道，真正做到有法可依、有法必依、执法必严、违法必究，为实现美丽中国保驾护航。习近平总书记多次强调："只有实行最严格的制度、最严密的法治，才能为生态文明建设提供可靠保障。""在生态环境保护问题上，就是要不能越雷池一步，否则就应该受到惩罚。"[①] 保护生态环境，必须按照源头严防、过程严管、后果严惩的治理思路，构建产权清晰、多元参与、激励约束并重、系统完整的生态文明制度体系，建立有效约束开发行为和促进绿色循环低碳发展的生态文明法律体系，发挥制度和法治的引导、规制功能，规范各类开发、利用、保护活动，为生态文明建设提供切实可行的体制机制保障。党的十八大以来，关于生态环境治理制度出台频度之密、监管执法尺度之严前所未有，如中共中央、国务院印发的《关于加快推进生态文明建设的意见》《生态文明体制改革总体方案》等重要文件，以及《中华人民共

---

① 《习近平谈治国理政》（第一卷），外文出版社 2018 年版，第 209、210 页。

和国环境保护法》《中华人民共和国大气污染防治法》《中华人民共和国水污染防治法》《中华人民共和国环境影响评价法》《中华人民共和国核安全法》《中华人民共和国环境保护税法》等法律完成修订与制定，皆为生态环境保护提供了充分的执法依据与严厉保障。2019 年 6 月，中办、国办印发《中央生态环境保护督察工作规定》，首次以党内法规的形式确立了中央生态环保督察的基本制度框架、程序规范、权限责任等，进一步彰显了党中央、国务院加强生态文明建设和生态环境保护工作的坚定决心，将为依法推动生态环保督察向纵深发展、确保美丽中国建设稳步推进发挥重要保障作用。

作者简介

周锦涛，湘潭大学马克思主义学院教授、博士生导师，湘潭大学中共党史研究中心副主任与习近平新时代中国特色社会主义思想研究中心研究员。主持国家社科基金规划项目“中国共产党探索文化强国战略的历史及经验研究”及其他各类项目 17 项，著作（含合著）16 部，在《光明日报》《历史研究》等报刊上发表论文 70 余篇。

第十三章

CHAPTER THIRTEEN

（二）

牢固树立建设美丽中国的思想自觉和行动自觉

吴舜泽

习语

自然是生命之母，人与自然是生命共同体，人类必须敬畏自然、尊重自然、顺应自然、保护自然。

我们既要绿水青山，也要金山银山。宁要绿水青山，不要金山银山，而且绿水青山就是金山银山。

——习近平

《纲要》第十三部分分五目对习近平生态文明思想进行了高度概括和理论阐述，深刻揭示了推进生态文明建设必须遵循的核心要义。我们必须常学常新、不断深化抓好学习，学深悟透、知行合一地抓好贯彻落实，坚定走生产发展、生活富裕、生态良好的文明发展道路，把我们伟大的祖国建设得更加美丽，让人民生活在天更蓝、山更绿、水更清的优美环境之中。

一、建设美丽中国必须坚持以习近平生态文明思想为指导

实践性特征贯穿于习近平生态文明思想的发展过程，也是其思想超越性的根本原因。对于生态环保这一基础相对薄弱、利益格局敏感复杂的领域，必须用习近平生态文明思想武装全党、统一思想、指导实践。

习近平生态文明思想植根于生态文明建设的伟大实践。习近平生态文明思想来源于实践，指导实践，并在实践中接受检验，得到丰富和发展。习近平同志早在河北正定工作期间就提出，宁肯不要钱，也不要污染，严格防止污染搬家、污染下乡。在福建工作期间他强调，资源开发要达到社会、经济、生态三者效益的协调，并极具前瞻性地提出了建设“生态省”的总体构想，推动编制实施《福建生态省建设总体规划纲要》，强调任何形式的开发利用都要在保护生态的前提下进行。在浙江工作期间，习近平同志提出“绿水青山就是金山银山”等重要论述。党的十八大以来，习近平总书记从国际和国内、历史和现实的维度上，深刻回答了为什么建设生态文明、建设什么样的生态文明、怎样建设生态文明等重大理论和实践问题，集大成与突破创新兼具，形成了科学系统的习近平生态文明思想，有力地指引了我国生态文明建设和生态环境保护取得历史性成就、发生历史性变革。习近平生态文明思想发扬了个人从政经历的深邃思考，吸收了中国特

色社会主义建设的宝贵经验，总结凝练了党的十八大以来生态文明建设的伟大实践，它的孕育和发展体现了理论联系实践、实践反哺理论、理论再指导实践的认识论和唯物辩证法。

习近平生态文明思想为建设美丽中国提供了方向指引和根本遵循。伟大的实践需要伟大理论指导，特别是生态文明和美丽中国建设，正确的思想指引必不可少。习近平生态文明思想是生态价值观、认识论、实践论和方法论的总集成，深刻阐释了建设美丽中国的目标愿景和路径方法，对生态文明和美丽中国建设具有很强的科学指导性。党的十八大以来，我国生态文明建设和生态环境保护进入认识最深、力度最大、举措最实、推进最快、成效最好的时期。美丽中国建设迈出坚实步伐，根本原因在于以习近平同志为核心的党中央的坚强领导，在于习近平生态文明思想的科学指引。未来建设美丽中国，必须坚持以习近平生态文明思想为指导，统一全社会的认识，逐步使生态文明价值观念和行为准则在全社会牢固树立，让建设美丽中国成为人民群众共同参与共同建设共同享有的伟大事业，确保到二〇三五年基本实现美丽中国目标，到本世纪中叶建成美丽中国。

二、建设美丽中国必须坚持人与自然和谐共生的基本方略

坚持人与自然和谐共生是新时代坚持和发展中国特色社会主义基本方略之一，是习近平生态文明思想的理论基石。正确处理人与自然关系，不仅要在认识上敬畏自然、尊重自然，更要在实践上顺应自然、保护自然，特别是要调整和约束人的行为。

人与自然和谐共生是新时代社会主要矛盾的内在要求。人因自然而生，人类的一切生活与生产活动都依赖于自然界，人与自然是生命共同体。生态兴则文明兴，生态衰则文明衰。古埃及、古巴比伦、美索不达米亚、希腊、小亚细亚以及中国河西走廊、黄土高原的兴

衰演替阐明了这一客观规律。以往鉴来，新时代我国社会的主要矛盾从“物质文化需要”转变到“美好生活需要”，“美好生活需要”必须以优美的生态环境为基础。老百姓对干净的水、清新的空气、安全的食品、优美的环境等要求越来越高，生态环境在群众生活幸福指数中的地位不断凸显，美丽中国美不美，关键要看山和水。良好的生态环境已经成为最公平的公共产品、最普惠的民生福祉，产生人民群众长期性的幸福和社会整体性的满足。因此生态环境问题是关系民生的重大社会问题。民有所呼，党有所应。实现人与自然和谐共生，是人民群众的强烈呼声，是我们党的使命要求，是思考问题、平衡关系、综合决策的重要出发点和归宿点。

人与自然和谐共生是我国生态文明建设的本质需求。小康全面不全面，生态环境质量是关键。要统筹推进“五位一体”总体布局，补齐生态文明建设短板，必须从改变自然、征服自然转向调整人的行为、纠正人的错误行为。人与自然和谐共生的根本含义就在于，在人与自然的互动中，首先要约束人的行为，将经济活动、人的行为限制在自然资源和生态环境能够承受的限度内，取之有时、用之有度。尊重自然主体地位、主动顺应自然规律、将保护内化于心外化于行，这是循序渐进、逐步深化的三阶段过程，越往后难度越大，综合效应也越大。生态环境是关系党的使命宗旨的重大政治问题，当前尤其需要约束党员领导干部这一关键少数，牢固树立红线、底线、上线意识，对暂时看不清会对环境产生影响的行为宁可慢一点、审慎一点，绝不能搞大开发。

三、建设美丽中国必须坚持走以生态优先绿色发展为导向的高质量发展新路子

绿色是美丽中国最动人的底色，绿色发展是高质量发展的普遍形

态。建设美丽中国，在认识上务必摈弃将经济发展和保护环境割裂甚至对立的错误观念，在实践上务必坚持协同推进经济高质量发展和生态环境高水平保护，实现“绿水青山就是金山银山”。

绿水青山就是金山银山，新在拓宽了发展的内涵。“我们既要绿水青山，也要金山银山。宁要绿水青山，不要金山银山，而且绿水青山就是金山银山。”[①] 这一理念打破了传统思维中简单把发展与保护对立起来的束缚，从根本上更新了生态环境无价或低价的传统认识，对生态环境进行了重新定位和再认识。生态环境被创新性地纳入生产力范畴，种的常青树是摇钱树，绿水青山也是“金饭碗”，保护绿水青山就是增值自然资本的过程。进一步说，发展不能简单异化为工业产品、农业产品和服务产品，提供绿水青山等生态产品就是发展的有机内涵，保护生态环境就是发展的应有之义，也是为了民生，二者关系看似矛盾，实则是有机统一、相辅相成。

绿水青山就是金山银山，难在知行合一、久久为功。不能道理归道理、行动归行动，不能因为经济发展遇到一点困难，就开始动铺摊子上项目、以牺牲环境换取经济增长的念头。推进生态文明建设必须保持战略定力。污染防治攻坚战深入推进，环境监管依法常态严管，对经济高质量发展总体利好、长期趋好，肯定会影响粗放型和偷排漏排型企业，但这种影响是短期、局部、个体的，这是经济高质量发展必须爬过去的坡、迈过去的坎。不能对“坡”“坎”视而不见，更不能把短期增速降低归因于“爬坡迈坎”这一解决问题的根本举措。如果现在不抓住机会付诸行动，未来处理起来难度会更大，付出的成本也会更高，影响的将是中华民族永续发展。

绿水青山就是金山银山，重在加快形成绿色发展方式。绿色发

① 《习近平总书记系列重要讲话读本》，学习出版社、人民出版社 2016 年版，第 230 页。

展是解决污染问题的根本之策，其重点是调结构、优布局、强产业、全链条。调结构，要调整产业结构，减少过剩和落后产业，增加新的增长动能；调整能源结构，减少煤炭消费，增加清洁能源使用；调整运输结构，减少公路运输量，增加铁路运输量；调整农业投入结构，减少化肥农药使用量，增加有机肥使用量。优布局，要以“三区三线”为抓手，推动构建科学合理的生态安全格局，在生态环境容量上过紧日子、守硬约束。强产业，关键在于实现产业生态化和生态产业化。一方面，要以节能减排为主线，加快清洁能源和清洁生产技术创新，加快发展节能环保等战略性新兴产业，建立健全绿色低碳循环发展的经济体系；另一方面，要以生态产品价值实现为切入点，在山水上做文章，依托当地的资源环境优势进行特色产业培育，将生态环境优势转化为生态经济优势。全链条，要在生产、分配、交换、消费的整个产品生命周期中实现绿色化，关键点在于“节约”与“循环”，由生产系统作为供给方提供绿色产品，由生活系统作为需求方倒逼生产方式绿色转型。

四、建设美丽中国必须坚持正确的工作策略和方法

新时代呼唤新理论，新实践催生新方略。建设美丽中国必须打破传统思维、工作惯性，更加注重保护的整体性、协同性和有效性，更加凸显法治的刚性约束作用，加快改善生态环境质量。

从系统工程和全局角度寻求新的治理之道。过去种树的只管种树、治水的只管治水、护田的单纯护田，顾此失彼，往往最终造成生态的系统性破坏，原因在于对山水林田湖草是一个生命共同体认识不足、领会不深。生态是统一的自然系统，是相互依存、紧密联系的有机链条，必须按照生态系统的整体性、系统性及内在规律，进行整体保护、系统修复和综合治理，从根本上打破治理要素的碎片化、

治理过程的分段化和治理手段的单一化，实现保护要素上的综合性、空间上的连续性和方法上的耦合性。具体而言，就是要统筹考虑治水和治山、治水和治林、治水和治田、治山和治林等各类要素，防止畸重畸轻、单兵突进、顾此失彼。就是要全面统筹左右岸、上下游、陆地水上、地表地下、河流海洋、水生态与水资源、污染防治与生态保护，全方位、全地域、全过程推进生态文明建设。就是要统筹兼顾、整体施策、多措并举，综合运用行政、市场、法治、科技的手段，确保达到系统治理的最佳效果。

用最严格的制度、最严密的法治保护生态环境。制度和法治是思想的集中体现，保护生态环境必须依靠制度、依靠法治，必须加快制度创新，增加制度供给，完善制度配套，强化制度执行，让制度成为刚性的约束和不可触碰的高压线。要构建产权清晰、多元参与、激励约束并重、系统完整的生态文明制度体系，建立有效约束开发行为和促进绿色循环低碳发展的法律体系，让保护者受益、让损害者受罚、让恶意排污者付出沉重代价。要健全环保信用评价、信息强制披露、严惩重罚等制度，提高环保标准，加大执法力度，推动企业严格守法，把生态环境破坏的成本内部化。要加强党对生态文明建设的领导，落实领导干部生态文明建设责任制和党政同责、一岗双责要求，严格用制度管权治吏。

作者简介

吴舜泽，教授，博士生导师。先后任中国环境规划院副院长、环境保护部规划财务司副司长、环境保护部改革办副主任、垂改办副主任，现任生态环境部环境与经济政策研究中心主任、党委书记，全国优秀科技工作者，国务院特贴获得者，全国“十一五”污染减排先进个人，获得全国科技进步二等奖一项，教育部、环境保护部等部级科技进步一等奖多项，主（参）编专著（图书）40余部，发表文章200余篇。

★学习留印 5 抓《纲》有痕★

新时代中国特色社会主义的相关领域

坚持总体国家安全观

概念的提出

以习近平同志为核心的党中央在准确把握国家安全形势变化新特点新趋势的基础上，创新国家安全理念，统揽国家安全全局，创造性提出总体国家安全观。

基本内涵

总体国家安全观关键在“总体”，强调做好国家安全工作的系统思维和方法，突出的是“大安全”理念，涵盖政治、军事、国土、经济、文化、社会、科技等诸多领域，无所不在，而且将随着社会发展不断拓展。

重大意义

总体国家安全观把我们党对国家安全的认识提升到新的高度和境界，为破解我国国家安全面临的难题、推进新时代国家安全工作提供了基本遵循。

原则

坚持总体国家安全观，必须坚持国家利益至上，以人民安全为宗旨，以政治安全为根本，以经济安全为基础，以军事、文化、社会安全为保障，以促进国际安全为依托，维护各领域国家安全，构建国家安全体系，走中国特色的国家安全道路。

维护重点领域国家安全是主阵地、主战场。全面贯彻落实总体国家安全观，要聚焦重点，抓纲带目，把确保政治安全作为首要任务，统筹推进政治安全、国土安全、经济安全、社会安全、网络安全、外部安全等重点领域国家安全工作。

要增强忧患意识、防范风险挑战。

推进国防和军队建设

新时代强军目标

建设一支

听党指挥　能打胜仗　作风优良

的人民军队，把人民军队建设成为世界一流军队。

党对人民军队的绝对领导

是 党和国家的重要政治优势

是 建军之本、强军之魂。

推进强军事业必须毫不动摇坚持党对军队的绝对领导，确保人民军队永远跟党走。

全军要把**备战打仗**作为主责主业，牢固树立战斗力这个唯一的根本的标准，全部心思向打仗聚焦，各项工作向打仗用劲。

确保部队

召之能来　来之能战　战之必胜

必须坚持

政治建军	改革强军	科技兴军	依法治军

全面推进国防和军队现代化。

积极推进**军民融合**发展，构建一体化的国家战略体系和能力。

坚持“一国两制”和推进祖国统一

“一国两制”是中国特色社会主义的伟大创举，其实践取得举世公认的成功。新时代要推进“一国两制”在香港、澳门的实践行稳致远。

民族复兴、国家统一是大势所趋、大义所在、民心所向。**一个中国原则**是两岸关系的基础，体现一个中国原则的“九二共识”明确界定了两岸关系的根本性质，是确保两岸关系和平发展的关键。和平统一是平等协商、共议统一，要探索“两制”台湾方案，丰富和平统一进程。

中国特色大国外交

人类生活在同一个地球村里，世界各国应顺应时代发展潮流，齐心协力应对挑战，开展全球性协作，**构建人类命运共同体**。

中国始终不渝走**和平发展道路**，并且希望世界各国共同走和平发展道路。

共建**“一带一路”倡议**正成为我国参与全球开放合作、改善全球经济治理体系、促进全球共同发展繁荣、推动构建人类命运共同体的中国方案。

中国愿意推进建设相互尊重、公平正义、合作共赢的新型国际关系。

中国将继续发挥负责任大国作用，**积极参与引领全球治理体系改革和建设**。始终秉持共商共建共享的全球治理观，倡导国际关系的民主化，支持联合国发挥积极作用，支持发展中国家在国际事务中的代表性和发言权。推动全球治理理念创新发展，努力为完善全球治理贡献中国智慧、中国力量。

中国愿与世界各国人民同心协力，共同建设

持久和平	普遍安全	共同繁荣	开放包容	清洁美丽

的世界。

第十四章

CHAPTER FOURTEEN

新时代国家安全工作的基本遵循

颜晓峰

习语

我们党要巩固执政地位，要团结带领人民坚持和发展中国特色社会主义，保证国家安全是头等大事。

我们共产党人的忧患意识，就是忧党、忧国、忧民意识，这是一种责任，更是一种担当。

——习近平

党的十八大后，我国发展进入由大向强的新跨越，国家安全呈现拓展深化的新需求。习近平总书记深入思考新时代国家安全这一重大战略课题，创造性地提出总体国家安全观。党的十九大明确把坚持总体国家安全观作为新时代坚持和发展中国特色社会主义的基本方略，阐述了完善国家安全制度体系，加强国家安全能力建设的总体部署。《纲要》第十四部分，对新时代坚持总体国家安全观作出系统深入阐述，是理解把握总体国家安全观的重要依据。

一、总体国家安全观把我们党对国家安全的认识提升到了新的高度和境界

中国特色社会主义进入新时代，我国越是走向经济富强、政治民主、生活富裕，越是追求和平发展、共同发展、持续发展，就越是需要基础稳定、运行有序、安全牢固。统筹发展与安全是我们党治国理政的一个重大原则。国家安全观从本质上反映了国家安全的现实需求。2014 年 4 月 15 日，习近平总书记在中央国家安全委员会第一次全体会议上的讲话中，明确提出坚持总体国家安全观，走出一条中国特色国家安全道路。总体国家安全观保障实现“两个一百年”奋斗目标和中国梦的国家安全需求，把握更加丰富宽广复杂的国家安全特征，是确保民族复兴的国家安全总战略。

总体国家安全观建立在清醒认识国家安全环境深刻变化、准确把握国家安全面临机遇和挑战的基础上。习近平总书记科学分析我国国家安全的时代特征，深刻揭示总体国家安全观的实践底蕴，显示出坚持总体国家安全观的深谋远虑。新时代我国国家安全内涵和外延比历史上任何时候都要丰富，国家安全总体更新。新时代国家安全时空领域比历史上任何时候都要宽广，国家安全总体增容。新时代国家安全内外因素比历史上任何时候都要复杂，国家安全不确定性增强。各

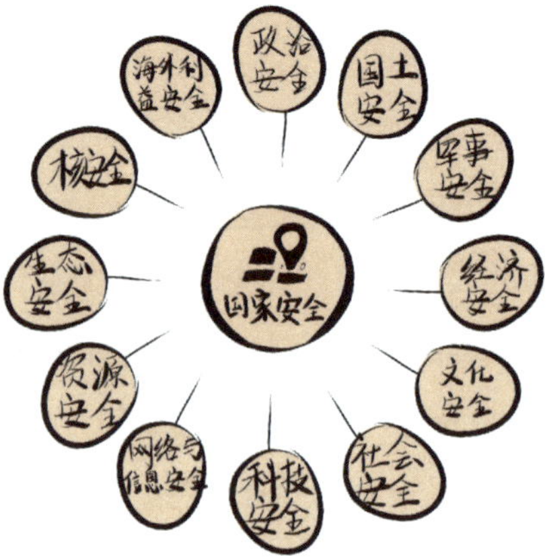

种威胁和挑战联动效应明显，国家安全各种可以预见和难以预见的风险因素明显增多，安全需求的综合性、全域性、外向性特征更加突出。总体国家安全观正是与时俱进发展国家安全观的深邃思考结晶，是综合国家安全需求与国家安全形势于一体，谋划夯实国家安全基石的战略决策。

总体国家安全观提供了新时代保证国家安全的理论指导。新时代坚持和发展中国特色社会主义，必须为中华民族伟大复兴战略全局筑牢坚强安全保障。这就要求把握国家安全在世界大势中的总体性，具有谋求国家安全的国际视野。要求把握国家安全在民族复兴中的总体性，具有谋求国家安全的大局意识。要求把握国家安全在各个领域中的总体性，具有谋求国家安全的整体观念。

二、坚持中国特色国家安全道路

国家安全的目标制定，必须遵从国家的基本价值目标；国家安全的战略抉择，必须经过方向选择、重点比较、资源倾斜、利弊轻重的权衡；国家安全的道路确立，必须根据国家的基本制度、基本国情、基本需求。总体国家安全观，是对国家安全的总体筹划，核心是中国特色国家安全道路。

坚持国家利益至上。党的十九大强调坚持总体国家安全观，必须坚持国家利益至上。国家利益至上，就是要更加自觉地坚持党的领导和我国社会主义制度，在涉及政治安全、制度安全、政权安全问题上，决不能退让；就是要更加自觉地维护我国主权、安全、发展利益，在涉及主权安全、领土安全、经济安全、社会安全问题上，决不能突破底线。

以人民安全为宗旨。以人民安全为宗旨，彰显了国家安全本质。我们的国家安全坚持人民主体地位，是为了人民、保护人民、支持人民的国家安全。国家安全保障人民安全，人民安全强化国家安全。这是国家安全的灵魂，是国家安全制度体系的本质属性。

以政治安全为根本。国家安全制度体系以政治安全为根本。政治安全包括制度安全、政权稳固、政局稳定、国家统一、民族团结等。中国特色社会主义制度是政治之本，维护政治安全，最重要的就是坚定不移走中国特色社会主义道路，坚持和完善中国特色社会主义制度。

以总体安全为目的。要求实现外部安全和内部安全的良性互动。外部安全有利于内部安全，和衷共济、合作共赢的世界是我国走和平发展道路的环境条件；内部安全有利于外部安全，我国作为一个新兴大国，国泰民安是世界的福音。要求实现国土安全和国民安全的共同巩固。国土是国民的家园，国民是国土的儿女，二者密不可分。要求实现传统安全和非传统安全的统筹治理。传统安全与非传统安全只有产生先后、形式不同的区分，并没有孰大孰小、孰重孰轻的区分。要求实现自身安全与共同安全的相辅相成。国家之间相互尊重、平等协商，坚决摒弃冷战思维和强权政治，走对话而不对抗、结伴而不结盟的国与国交往新路。

三、统筹推进各重点领域国家安全工作

确保政治安全。政治安全是关系中华民族前途命运、关系中国特色社会主义兴衰成败、关系中国共产党长期执政的根本性安全。在道路问题上，必须坚持走中国特色社会主义道路，既不走封闭僵化的老路，也不走改旗易帜的邪路。在改革开放的方向问题上，要防止落入“西化分化陷阱”。在党的执政地位和领导地位问题上，不管党、不抓党就有可能出问题甚至出大问题。

确保国土安全。国土安全是立国之基。要提升维护国土安全能力，加强边防、海防、空防建设，坚决捍卫领土主权和海洋权益。我们绝不允许任何人、任何组织、任何政党、在任何时候、以任何形式、把任何一块中国领土从中国分裂出去。

确保经济安全。伴随着经济增速下调，各类隐性风险逐步显性化。我们面临的风险总体可控，但化解以高杠杆和泡沫化为主要特征的各类风险将持续一段时间。坚持稳中求进工作总基调，“稳”的重点要放在稳住经济运行上，确保增长、就业、物价不出现大的波动，确保金融领域不出现区域性系统性风险。

确保社会安全。我国公共安全形势仍很严峻，各种人民内部矛盾和社会矛盾较多，而我们的社会管理工作在很多方面还跟不上。要深入研究人口大规模流动、利益多样化、社会信息化、思想文化多元化形势下的社会管理规律，坚持源头治理、系统治理、综合治理、依法治理，努力解决深层次问题，确保人民安居乐业、社会安定有序、国家长治久安。

确保网络安全。网络安全已经成为我国面临的最复杂、最现实、最严峻的非传统安全之一。互联网已经成为舆论斗争的主战场，是我们面临的“最大变量”。要持续巩固壮大主流舆论强势，加大舆论引导

力度，加快建立网络综合治理体系。要加强关键信息基础设施网络安全防护，切实维护国家数据安全，切实维护国家网络空间主权安全。

确保外部安全。构建人类命运共同体，是外部安全的根本。只有坚持对话协商、共建共享、合作共赢、交流互鉴、绿色低碳，建设一个持久和平、普遍安全、共同繁荣、开放包容、清洁美丽的世界，才能奠定外部安全的基石。要以邻为善、以邻为伴，坚持睦邻、安邻、富邻，努力使周边同我国政治关系更加友好、经济纽带更加牢固、安全合作更加深化、人文联系更加紧密。

四、提高防范和抵御安全风险能力

坚持总体国家安全观，就要防范化解重大风险。我们党在内忧外患中诞生，在磨难挫折中成长，在战胜风险挑战中壮大，防控风险能力在实践过程中不断增强。改革开放以来，党领导人民应变局、平风波、战洪水、防“非典”、抗地震、化危机，成功应对一系列重大风险挑战、克服无数艰难险阻，充分显示了党的强大防控风险能力。

既要高度警惕“黑天鹅”事件，也要防范“灰犀牛”事件。新时代已经从“未发展起来”时期进入“发展起来以后”时期，面对的风险既有因未发展起来而长期积累的问题，也有发展起来以后形成的新问题，风险诱因叠加。当前，世界大变局加速深刻演变，全球动荡源和风险点增多，中国日益走近世界舞台中央，在信息网络化、网络全球化、全球一体化的条件下，国际风险有可能迅速传导为国内风险。经济、政治、文化、社会、生态领域联系更加紧密，同时也意味着风险的联动和放大，要以高度的政治责任感、科学理性精神和无私无畏勇气全力以赴应对。

既要有防范风险的先手，也要有应对和化解风险挑战的高招。要充分认识到防控风险能力不足的危害后果。一些党员干部缺乏忧患意识，看不到显性的和隐性的风险；在风险冲击来临时，战略定力不够，手足失措；对各类风险的系统关联、演化规律把握不住，不能有效防控风险，甚至出现风险失控；自觉防控风险的能力不足、水平不够，往往是头痛医头、脚痛医脚；等等。因此，要有防范风险的先手，即“消祸于未萌”“治乱于未乱”“消未起之患”，预防在先。同时，要有应对和化解风险挑战的高招，无论是社会风险还是自然风险、内部风险还是外部风险、多发风险还是偶发风险，都能心中有数、对症下药、综合施策、应对有方。

既要打好防范和抵御风险的有准备之战，也要打好化险为夷、转危为机的战略主动战。这就是把“抗洪”和“防洪”、“灭火”和“防火”、治标和治本统一起来，努力占据防控重大风险的主动和有利地位。要求深入把握防范化解重大风险的内在规律。要在全面掌握风险成因中防控风险，在有效化解风险振荡中防控风险，在及时中止风险演化中防控风险。通过完善风险防控机制，建立健全风险研判机制、决策风险评估机制、风险防控协同机制、风险防控责任机制，主动作为，中止风险的演化。

作者简介

颜晓峰，天津大学马克思主义学院院长、教授，国防大学马克思主义教研部原研究员，博士生导师。中国历史唯物主义学会副会长兼社会主义现代化研究会会长，国家社会科学基金学科规划评审组专家，国家出版基金评审专家，马克思主义理论研究和建设工程重大项目、国家社科基金重大项目“新时代我国社会主要矛盾及对党和国家工作的新要求研究”首席专家，教育部习近平新时代中国特色社会主义思想研究中心特约研究员。

第十五章

CHAPTER FIFTEEN

引领新时代强军事业的“真经”

刘光明

习语

党在新时代的强军目标是建设一支听党指挥、能打胜仗、作风优良的人民军队，把人民军队建设成为世界一流军队。

——习近平

《纲要》第十五部分，以“把人民军队全面建成世界一流军队”为题，系统阐明了习近平强军思想的主要内容，与《习近平强军思想学习纲要》相映成辉。习近平总书记强调：“马克思主义就是我们共产党人的‘真经’。”① 习近平强军思想作为马克思主义军事理论中国化时代化的新飞跃，是引领新时代中国强军事业的“真经”。军队好比是一棵树，它总是从它借以生长的土壤中取得生命力的。习近平强军思想这部“真经”，是从新时代中国强军实践的土壤中汲取营养而形成的，彰显着当代军事文明的中国气派、中国风格。

一、多维度认识新时代强军事业的“真经”为什么好

一个人穿什么样的衣服才好？答案很简单：适合自己的才好。同样，什么样的军事指导理论最好？当然是适合世情国情军情的最好。习近平强军思想，好就好在它是依据中国实际，凝聚新时代我们党建军治军的实践经验和智慧结晶而形成并不断丰富发展的。

首先，这部“真经”好在它适应了实现中华民族伟大复兴中国梦的战略需求。今天，我们前所未有地走近世界舞台中央，比历史上任何时期都更接近实现中华民族伟大复兴的目标。我们越发展壮大，遇到的阻力和压力就会越大，面临的外部风险就会越多。由大向强、将强未强之际往往是国家安全的高风险期，这是发展进程中无法回避的挑战，是实现中华民族伟大复兴绕不过的门槛。尽管现在维护国家安全的手段和选择增多了，但军事手段始终是保底的手段。在习近平强军思想的指引下，我们着眼强国复兴的大战略、大布局，坚持把国防和军队建设放在实现中华民族伟大复兴这个大目标下来认识和推进，服从和服务于这个国家和民族的最高利益，努力建设巩固国

① 《习近平关于全面从严治党论述摘编》，中央文献出版社 2016 年版，第 66 页。

防和强大人民军队，使之成为新时代坚持和发展中国特色社会主义、实现中华民族伟大复兴的战略支撑。

其次，这部“真经”好在它实现了马克思主义军事理论中国化时代化的新飞跃。科学理论实现飞跃的标志，就是以理论原创回答解决了重大时代课题。党的十八大以来，以习近平同志为核心的党中央着眼于实现中华民族伟大复兴的中国梦，围绕新时代建设一支什么样的强大人民军队、怎样建设强大人民军队这一重大时代课题，作出一系列新的重大判断、新的理论概括、新的战略安排，在波澜壮阔的强军实践中，带领全军深入进行理论探索和实践创造，形成了习近平强军思想，为党的军事理论创新作出了重大原创性贡献，开拓了当代中国马克思主义军事理论和军事实践发展新境界。这一思想，在坚持我们党一以贯之的建军治军指导思想和方针原则的基础上，把强军兴军作为鲜明主题，把以强军支撑强国复兴伟业作为根本着眼点，把实现党在新时代的强军目标、全面建成世界一流军队作为核心要求，把走中国特色强军之路作为实践指向，谱写了马克思主义军事理论的新篇章。

最后，这部“真经”好在它揭示了新时代人民军队的强军胜战之道。放眼全球，军事革命浪潮风起云涌，各主要国家纷纷加快军事变革，抢占军事战略制高点，争夺国际军事竞争新优势。与此同时，我军“两个能力不够”“两个差距很大”的问题，依然很现实地摆在我们面前。习近平强军思想，围绕战争与和平、军事与政治、发展与安全、威慑与实战、人与武器等重大关系，作出一系列创造性阐发，与时俱进创新军事战略指导和作战思想，为我们夺取军事竞争优势、永远立于不败之地提供了科学原则和策略方法。有习近平强军思想的指引，我军就能统筹推进政治建军、改革强军、科技兴军、依法治军，聚力备战打仗主责主业，大力提高军事训练实战化水平，以谋未来的积极姿态强力推进国防和军队建设发展，把现代化建设转入创新驱动发展轨道，推动我军加速迈进世界一流军队的行列。

二、全面领会新时代强军事业的“真经”真在哪里

一部“真经”要名实相符，应当是在价值维度、真理维度和实践维度全面体现“真”，即价值维度上有为国为民的真心，真理维度上揭示了颠扑不破的客观规律，实践维度上指出了能够行得通的道路。习近平强军思想在这三个方面都彰显了“真经”的要义。

首先，这部“真经”真在它彰显的初心和使命上。我们党的根基在人民，血脉在人民，力量在人民，为之奋斗的一切也都是为了人民。党的全部理论和实践，都是着眼于人民对美好生活的向往而提出和推进的。习近平强军思想作为习近平新时代中国特色社会主义思想的“军事篇”，毋庸置疑，根本上是从维护人民利益和国家利益出发进行思考和谋划而形成的军事理论成果。习近平强军思想，一方面强调党对军队绝对领导是人民军队建军之本、强军之魂，必须全面贯彻党对军队绝对领导的一系列原则和制度；另一方面强调重整行装再出发，下大力气解决问题积弊，永葆人民军队性质、宗旨、本色。这就把军队的党性和人民性高度统一起来，使我军始终是绝对忠诚、绝对纯洁、绝对可靠的人民军队。习近平强军思想，在明确听党指挥是灵魂、作风优良是保证的同时，明确能打胜仗是核心，要求我军以强大军事实力担当起党和人民赋予的新时代使命任务。这些战略考量、秉纲执本、培根塑魂，使人民军队的初心更加彰显、使命的践行更加坚定有效。

其次，这部“真经”真在它揭示的客观规律上。习近平强军思想，把我们党对国防和军队建设规律、军事斗争准备规律、战争指导规律的认识提升到新高度。比如，这一思想明确，推进强军事业必须坚持政治建军、改革强军、科技兴军、依法治军，更加注重聚焦

实战、更加注重创新驱动、更加注重体系建设、更加注重集约高效、更加注重军民融合，全面提高革命化现代化正规化水平，这深刻揭示了新时代强军兴军的规律。又如，这一思想提出，能战方能止战，准备打才可能不必打，越不能打越可能挨打，这就是战争与和平的辩证法；处理好战争和政治的辩证关系，深刻认识战争的政治属性，从政治高度思考战争问题；人的因素、武器因素结合得越来越紧密，人是决定因素，武器因素的重要性在上升；知行合一，“知”是基础、是前提，“行”是重点、是关键，必须以“知”促“行”，又以“行”促“知”，既解决认识提高问题，又解决行动自觉问题；等等，这些深刻揭示了新时代国防和军队建设领域处理一系列重大关系的内在规律。

最后，这部“真经”真在它指引的强军之路上。经过实践检验的“真”，才是令人信服的“真”。党的十八大以来，在习近平强军思想的指导下，我军沿着中国特色强军之路迈出了坚实步伐。重振政治纲纪，坚定不移推进政治整训，有效解决了弱化党对军队绝对领导的突出问题；重塑组织形态，大刀阔斧全面深化改革，有效解决了制约我军建设的体制结构的突出问题；重整斗争格局，坚定捍卫国家核心利益，有效解决了军事力量运用方面的突出问题；重构建设布局，创新发展理念和方式，有效解决了我军建设聚焦实战不够、质量效益不高的突出问题；重树作风形象，强力推进正风肃纪反腐，有效解决了不正之风和腐败现象滋生蔓延的突出问题。取得这样的历史性成就和变革，根本在于以习近平同志为核心的党中央的坚强领导，在于习近平强军思想的科学指引。

三、牢牢把握新时代强军事业的“真经”怎么落实

当前，强国强军事业正处于愈进愈难、愈进愈险而又不进则退、非进不可的历史当口，未来必定会面临这样那样的风险挑战，甚至会遇到难以想象的惊涛骇浪。我们要高举习近平新时代中国特色社会主义思想的旗帜，深入贯彻习近平强军思想，为实现党在新时代的强军目标而不懈奋斗。

一是扭住目标蓝图抓落实。“把蓝图变为现实，是一场新的长征。”建设世界一流军队，是一个持续复杂的探索过程，必然面临各种干扰挑战。必须下决心排除干扰，保持战略目标的坚定性和可持续性。党的十九大对全面建成世界一流军队，提出了路线图、时间表、任务书，明确了到二〇二〇年、二〇三五年和本世纪中叶的目标任务。实现这些目标任务，破解迈向一流军队建设中的深层次矛盾和问题，必须紧紧盯住目标不偏移。要深刻领悟习近平强军思想，把战略目标和使命任务研深悟透，准确把握现代战争制胜机理，扎实推进军事斗争准备，在信息化建设、新型作战力量建设、构建新质作战能力等关键领域实现重大突破，全面推进军事理论现代化、军队组织形态现代化、军事人员现代化、武器装备现代化，夺取全面推进国防和军队现代化的新胜利。

二是扭住方略路径抓落实。党的十九大报告提出的新时代坚持和发展中国特色社会主义的十四条基本方略中，第十一条就是坚持党对人民军队的绝对领导。建设一支听党指挥、能打胜仗、作风优良的人民军队，是实现“两个一百年”奋斗目标、实现中华民族伟大复兴的战略支撑。必须全面贯彻党领导人民军队的一系列根本原则和制度，

确立新时代党的强军思想在国防和军队建设中的指导地位，坚持政治建军、改革强军、科技兴军、依法治军，更加注重聚焦实战，更加注重创新驱动，更加注重体系建设，更加注重集约高效，更加注重军民融合，实现党在新时代的强军目标。这条基本方略，虽然用“坚持党对人民军队的绝对领导”作领句，但实际上讲的是新时代强军兴军的基本方略，指明了新时代强军兴军的实现路径。我们要坚定不移沿着习近平强军思想明确的中国特色强军之路砥砺前行，提高人民军队基于网络信息体系的联合作战能力、全域作战能力，确保在党和人民需要的时候拉得出、上得去、打得赢。

三是扭住奋斗实干抓落实。英雄的史诗，是脚踏实地走出来的。建设世界一流军队绝不是一帆风顺的历史进程，必须以实干成就强军梦想。要紧紧围绕全面建成世界一流军队的宏伟目标想问题、作决策、抓建设，将强军兴军的“路线图”转变为“施工图”，多干打基础、利长远的工作。要直面强军实践中的各种突出矛盾问题，找准发力点和突破口，勇于攻坚克难、闯关夺隘，以革故鼎新、披荆斩棘的魄力，不畏艰难、不惧阻力的意志，中流击水、敢涉险滩的勇气，奋力实现每一个阶段的目标。要以钉钉子精神做实做细做好各项工作，踏石留印、抓铁有痕，善始善终、善作善成，目标定下了，任务明确了，就要咬定青山不放松，一张蓝图绘到底，用接续奋斗的累积，实现从量变到质变的飞跃，加快建成世界一流军队。

作者简介

刘光明，国防大学习近平新时代中国特色社会主义思想研究中心办公室主任。曾获评全军第 14 届学习成才先进个人，教育部 2011 年度博士研究生学术新人奖。多次参与中央部委和军委机关有关读本、纲要、教材编撰工作。

第十六章

CHAPTER SIXTEEN

让“一国两制”航船行稳致远

——关于新时代坚持“一国两制”和推进祖国和平统一

张 峰

习语

任何危害国家主权安全、挑战中央权力和香港特别行政区基本法权威、利用香港对内地进行渗透破坏的活动，都是对底线的触碰，都是绝不能允许的。

——习近平

习近平总书记曾把“一国两制”形象地比喻为实现中华民族伟大复兴和祖国和平统一的航船，提出推进在香港、澳门的实践行稳致远。船重千钧，掌舵一人。在新时代，习近平总书记就是“一国两制”航船的掌舵人。他立足新时代坚持和发展中国特色社会主义、实现中华民族伟大复兴的战略全局，系统总结“一国两制”实践的成功经验，以全新的视野深化对“一国两制”实践的规律性认识，形成新时代坚持“一国两制”和推进祖国统一的基本方略，为“一国两制”航船行稳致远，提供了新的行动指南。《纲要》第十六部分是对总书记这方面重要论述的系统梳理。

一、“一国两制”是解决历史遗留问题、实现国家统一的最佳方案

2017 年 7 月 1 日，习近平总书记在庆祝香港回归祖国 20 周年大会上的讲话中指出：“我明确讲过，中央贯彻‘一国两制’方针坚持两点，一是坚定不移，不会变、不动摇；二是全面准确，确保‘一国两制’在香港的实践不走样、不变形，始终沿着正确方向前进。”[①]

确保“一国两制”方针不会变、不动摇。党的十八大中央领导集体实现新老交替后，公众普遍关心中央对香港、澳门的方针政策会不会变。2012 年 12 月 20 日，习近平在会见香港和澳门特别行政区行政长官时强调：“中央贯彻落实‘一国两制’、严格按照基本法办事的方针不会变。”[②] 之所以不变，首先在于这一方针具有重大的意义。“一个国家，两种制度”，是邓小平同志为实现祖国完全统一问题而提出的战略构想，习近平总书记，指出“‘一国两制’是中国的一个伟大创

① 《在庆祝香港回归祖国二十周年大会暨香港特别行政区第五届政府就职典礼上的讲话》，人民出版社 2017 年版，第 5 页。

② 《习近平谈治国理政》，外文出版社 2014 年版，第 225 页。

举，是中国为国际社会解决类似问题提供的一个新思路新方案，是中华民族为世界和平与发展作出的新贡献，凝结了海纳百川、有容乃大的中国智慧。”[①] 这个伟大创举，在一个统一的国家内允许两种不同性质的社会制度长期并存，深化并丰富了马克思主义国家学说；把和平共处原则运用于实现国家统一，创造了在一个国家处理自己内政问题的好办法；为解决国际争端和历史遗留问题提供了新范例。在新时代牢牢坚持“一国两制”基本国策，是实现香港、澳门长期繁荣稳定的必然要求，也是实现中华民族伟大复兴中国梦的重要组成部分。其次在于这一方针的实践成果证明没有变的道理。香港、澳门回归祖国以来，“一国两制”实践取得举世公认的成功。香港经济增长在发达经济体中位居前列。澳门跻身世界富裕城市前列。港澳居民享有比历史上任何时候都更广泛的民主权利和自由。事实证明，“一国两制”是解决历史遗留的香港、澳门问题的最佳方案，也是香港、澳门回归后

① 《习近平谈治国理政》（第二卷），外文出版社 2017 年版，第 434 页。

保持长期繁荣稳定的最佳制度。

确保“一国两制”实践不变形、不走样。“一国两制”作为一项前无古人的开创性事业，需要在实践中不断探索前进，不可避免地会遇到一些新情况新问题。这些问题解决不好，就会造成“一国两制”实践变形、走样。为此就需要全面准确理解“一国”和“两制”的关系。习近平总书记指出，“一国两制”是一个完整的概念，“一国”是实行“两制”的前提和基础，“两制”从属和派生于“一国”，并统一于“一国”之内。在具体实践中，必须牢固树立“一国”意识，坚守“一国”原则。

在台湾问题上，也存在着对“一国两制”的准确理解问题，集中表现为坚持一个中国原则、坚持“九二共识”。习近平总书记认为，“九二共识”体现了一个中国原则，明确界定了两岸关系的根本性质。表明大陆与台湾同属一个中国，两岸关系不是国与国的关系，也不是“一中一台”。虽然两岸迄今尚未统一，但中国的主权和领土从未分裂。两岸同属一个国家、两岸同胞同属一个民族，这一历史和法理事实从未改变，也不可以改变。坚持“九二共识”、反对“台独”是两岸关系和平发展的政治基础，其核心是认同大陆和台湾同属一个中国。

二、把维护中央对香港、澳门特别行政区全面管治权和保障特别行政区高度自治权有机结合起来

中央全面管治权有效行使，特别行政区享有的高度自治权受到充分保障，是香港、澳门回归祖国后的成功经验。习近平总书记在党的十九大报告中强调：“必须把维护中央对香港、澳门特别行政区全面管治权和保障特别行政区高度自治权有机结合起来。”正确认识二者之间的关系，是坚持“一国”原则和尊重“两制”差异的具体化，是

推进“一国两制”在香港、澳门实践行稳致远的关键所在。

中央对香港、澳门拥有全面管治权，是我国作为单一制国家必须有的权力。香港、澳门的高度自治权不是固有的，而是来源于中央授权。早在设计“一国两制”之初，邓小平同志就明确表示不赞成“完全自治”的提法，指出：“‘完全自治’就是‘两个中国’，而不是一个中国。”[①] 在会见香港特别行政区基本法起草委员会委员时，他又强调：“切不要以为香港的事情全由香港人来管，中央一点都不管，就万事大吉了。这是不行的，这种想法不实际。”[②] 事实证明，邓小平同志很有预见性。近年来，香港社会有些人鼓吹香港有所谓的“固有权力”“自主权力”等，以“高度自治”为名否认或抗拒中央对香港的管治权，在各种敌对势力怂恿下发生了不少“事件”。因此，习近平总书记强调：“任何危害国家主权安全、挑战中央权力和香港特别行政区基本法权威，利用香港对内地进行渗透破坏的活动，都是对底线的触碰，都是绝不能允许的。”[③]

实现中央全面管治权和特别行政区高度自治权的有机结合，必须严格依照宪法和基本法办事，落实宪法和基本法确定的宪制秩序，把中央依法行使权力和特别行政区履行主体责任结合起来，完善与基本法实施相关的制度和机制。针对香港社会在一些重大政治法律问题上缺乏共识的突出问题，习近平总书记指出：“香港是一个多元社会，对一些具体问题存在不同意见甚至重大分歧并不奇怪，但如果陷入‘泛政治化’的旋涡，人为制造对立、对抗，那就不仅于事无补，而且会严重阻碍经济社会发展。只有凡事都着眼大局，理性沟通，凝聚共识，才能逐步解决问题。从中央来说，只要爱国爱港，诚心诚意

① 《邓小平文选》第三卷，人民出版社 1993 年版，第 30 页。
② 同上书，第 221 页。
③ 《习近平谈治国理政（第二卷）》，外文出版社 2017 年版，第 435 页。

拥护‘一国两制’方针和香港特别行政区基本法，不论持什么政见或主张，我们都愿意与之沟通。”[1]因此，要坚持以爱国者为主体的“港人治港”“澳人治澳”，发展壮大爱国爱港爱澳力量，增强香港同胞、澳门同胞的国家意识和爱国精神。鉴于青少年在香港、澳门相继发生的一些事件中充当重要的角色，尤其需要加强对港澳青少年的爱国主义教育，让青少年更多领略中华文明的博大精深，更多感悟近代以来中华民族救亡图存、发愤图强的光辉历程，更多认识新中国走过的不平凡道路和取得的巨大成就，更多理解“一国两制”与坚持和发展中国特色社会主义、实现中华民族伟大复兴中国梦的内在联系。

三、探索“两制”台湾方案，丰富和平统一实践

2019 年 1 月 2 日，习近平总书记在《告台湾同胞书》发表 40 周年纪念会上的讲话中提出“探索‘两制’台湾方案，丰富和平统一实践”，郑重倡议：“在坚持‘九二共识’、反对‘台独’的共同政治基础上，两岸各政党、各界别推举代表性人士，就两岸关系和民族未来开展广泛深入的民主协商，就推动两岸关系和平发展达成制度性安排。”[2]这一新论断，具有理论的深刻性和实践的可行性。

一是有中华民族伟大复兴中国梦来激励。新时代推进祖国和平统一进程，需要找到共同的奋斗目标，这就是实现中华民族伟大复兴的中国梦。习近平总书记指出“实现中华民族伟大复兴，实现国家富强、民族振兴、人民幸福，是孙中山先生的夙愿，是中国共产党人的夙愿，也是近代以来中国人的夙愿。”[3]中国梦是两岸共同的梦，需要大家一起来圆梦。

---

① 《习近平谈治国理政（第二卷）》，外文出版社 2017 年版，第 437 页。

② 《为实现民族伟大复兴　推进祖国和平统一而共同奋斗——在〈告台湾同胞书〉发表 40 周年纪念会上的讲话》，人民出版社 2019 年版，第 7—8 页。

③ 《习近平谈治国理政》（第一卷），外文出版社 2018 年版，第 240 页。

二是有独具中国特色的协商民主来运作。中华民族长期形成的天下为公、兼容并蓄、求同存异等优秀政治文化，培育出协商民主的民主形式。习近平总书记将协商民主运用于解决台湾问题。他认为，两岸长期存在的政治分歧问题终归要逐步解决，总不能将这些问题一代一代传下去。两岸同胞是一家人，两岸的事是两岸同胞的家里事，当然也应该由家里人商量着办。两岸中国人有智慧找出解决问题的钥匙来，这把钥匙就是协商民主。

三是有“两岸一家亲”理念来引领。“两岸一家亲”，是习近平总书记倡导的两岸关系和平发展理念。习近平总书记指出：“广大台湾同胞都是我们的骨肉天亲。大家同根同源、同文同宗，心之相系、情之相融，本是血脉相连的一家人。”① 中国人要帮中国人。和平统一之后，台湾将永保太平，民众将安居乐业。有强大祖国做依靠，台湾同胞的民生福祉会更好，发展空间会更大，在国际上腰杆会更硬、底气会更足，更加安全、更有尊严。

作者简介

张峰，北京市习近平新时代中国特色社会主义思想研究中心特聘专家、特约研究员。中央社会主义学院原副院长、党组成员、教授，山东大学统一战线学博士生导师，中国社会科学院政治学博士生导师，国务院政府特殊津贴获得者。国家社会科学基金学科规划评审组专家，马克思主义理论研究和建设工程首席专家。

① 《习近平谈治国理政》（第一卷），外文出版社 2018 年版，第 237 页。

第十七章

CHAPTER SEVENTEEN

深刻理解和把握习近平外交思想

左凤荣

习语

人类生活在同一个地球村里，生活在历史和现实交汇的同一个时空里，越来越成为你中有我、我中有你的命运共同体。

什么是当今世界的潮流？答案只有一个，那就是和平、发展、合作、共赢。中国不认同“国强必霸”的陈旧逻辑。

——习近平

以习近平同志为核心的党中央高瞻远瞩，纵览全局，深刻思考世界发展大势、人类前途命运以及中国与世界的关系，从新时代中国经济实力和国际地位的变化出发，主动谋划，努力进取，积极推进外交理论与实践创新，创造性地提出一系列富有中国特色、体现时代精神、引领人类进步潮流的外交新理念新思想新战略，形成并确立了习近平外交思想。习近平外交思想内涵丰富，是新时代中国特色社会主义思想在外交领域的集中体现，是新时代我国对外工作的根本遵循和行动指南。《纲要》的出版发行，更有助于我们深刻理解和把握习近平外交思想的核心与实质。

推动构建人类命运共同体是中国外交的长远目标，也是引领世界发展的新理念。

当今世界正处于百年未有之大变局，面临的不稳定性不确定性突出。世界经济增长动能不足，逆全球化势头上升，民粹主义、保护主义思潮发酵，军备竞争、恐怖主义、网络安全、重大传染性疾病、气候变化等传统安全威胁和非传统安全威胁相互交织，和平赤字、发展赤字、治理赤字、信任赤字，是摆在全人类面前的严峻挑战。中国相信，和平与发展潮流浩荡向前，世界政治格局多极化、经济全球化不可逆转。中国作为最大的发展中国家和负责任大国，需要担当作为，为解决世界性问题提供中国方案，这个方案就是推动构建人类命运共同体。“构建人类命运共同体”回答了人类社会向何处去这一宏大课题。这一新理念表明了中国共产党人愿意为解决人类面临的问题作出自己的贡献。中国作为一个由共产党领导的社会主义国家，在自己发展壮大起来后，并没有走国强必霸的道路，而是努力让自己的发展惠及世界人民，特别是惠及发展中国家。构建人类命运共同体把中国梦与世界梦有机结合起来，提供的是实现中国与世界双赢的美好愿景。中国不仅倡导构建人类命运共同体，还通过积极参与全球治理、共建“一带一路”和发起成立亚投行等具体举措，把自身发展经验和机遇同世界各国分享，带动世界各国共同发展，促成人类利益共同体和命运共同体。

始终不渝走和平发展道路是中国特色大国外交的道路选择，也促进了世界的和平与共同发展。

中国不走历史上那种大国依靠侵略和扩张实现崛起的道路，而是坚定致力于探索一条以和平方式实现国家发展和民族复兴的新路。中华民族历来崇尚“和为贵”“和而不同”“亲仁善邻”“协和万邦”“兼爱非攻”等理念，和平已融入了中华民族的血脉中，刻进了中国人民的基因里。坚持走和平发展道路具有强烈的民族性，继承了中华民族的优良传统。经过长期努力，近代以来久经磨难的中华民族迎来了从站起来、富起来到强起来的伟大飞跃，迎来了实现中华民族伟大复兴的光明前景，中国已经进入由富变强、日益走近世界舞台中央、不断为人类作出更大贡献的新时代。中国是世界上 120 多个国家的最大贸易伙伴，成为拉动全球经济发展的重要引擎，在重大国际和地区事务中发挥着举足轻重的作用。中国作为一个社会主义大国，代表着推进人类社会进步的力量，中国要顺应历史发展潮流，坚定地走和平发展道路，推动世界的和平与进步。中国坚定地向国际社会承诺，无论中国发展到哪一步，中国永不称霸、永不扩张、永不谋求势力范围。“中国走和平发展道路，不是权宜之计，更不是外交辞令，而是从历史、现实、未来的客观判断中得出的结论，是思想自信和实践自觉的有机统一。”①

推动构建新型国际关系是实现中国外交目标的重要路径，有助于建设更美好的世界。

---

① 《习近平谈治国理政》（第一卷），外文出版社 2018 年版，第 267 页。

中国高举和平、发展、合作、共赢的旗帜，恪守维护世界和平、促进共同发展的外交政策宗旨，坚定不移地在和平共处五项原则的基础上发展同各国的友好合作，推动建设相互尊重、公平正义、合作共赢的新型国际关系。新型国际关系是相对于传统的旧型国际关系、特别是冷战时期的国际关系而言的，新型国际关系摒弃零和游戏、你输我赢的旧思维，强调合作共赢。中国努力推动建立以合作共赢为核心的新型国际关系，坚持互利共赢的开放战略，把合作共赢理念体现到政治、经济、安全、文化等对外合作的方方面面。中国提出改变传统国际关系中结盟或对抗的现象，摒弃冷战思维和强权政治，走一条对话而不对抗、结伴而不结盟的国与国交往的新路。国与国之间，志同道合是伙伴，求同存异也是伙伴，努力构建全球伙伴关系网，为当今世界各国处理与其他国家的关系提供了新模式。

国际关系发展的历史表明，大国是影响世界和平的决定性力量。中国积极运筹与俄罗斯、美国、欧盟的关系。俄罗斯是我国周边最大邻国和世界大国，中俄两国拥有广泛共同利益，中俄关系已经跨越历史的节点，进入了新时代，中俄关系是大国和周边关系的典范。中美关系的走向为世人瞩目，中美可以也应该走出一条不同于历史上大国冲突对抗的新路，共同构建不冲突不对抗、相互尊重、合作共赢的新型大国关系。欧洲是多极化世界的重要一极，是中国的全面战略协作伙伴，双方共同打造中欧和平、增长、改革、文明四大伙伴关系，提升中欧全面战略伙伴关系的全球影响力，为世界繁荣发展作出贡献。远亲不如近邻，无论从地理方位、自然环境还是相互关系看，周边对中国都具有极为重要的战略意义。中国周边充满生机活力，有发展优势和潜力。中国坚持与邻为善、以邻为伴，坚持睦邻、安邻、富邻，深化同周边国家的互利合作和互联互通。中国向来重视与发展中国家的关系，切实加强同发展中国家的团结合作，把中国的发展与广大发展中国家共同发展紧密联系起来，帮助发展中国家把资源优势转化为发展优势，实现多元、自主、可持续发展。在与发展中国家相处中坚持正确的义利观，努力做到义利兼顾，讲信义、重情义、扬正义、树道义。

习近平总书记强调共商共建共享的全球治理原则，倡导国际关系民主化，坚持国家不分大小、强弱、贫富，一律平等，积极参与多边事务，高度重视联合国的作用，支持二十国集团、上海合作组织、金砖国家等发挥积极作用。中国积极推动实现联合国千年发展目标，积极应对气候变化等全球性问题，在力所能及的范围内承担更多国际责任和义务。习近平总书记呼吁："各国人民同心协力，构建人类命运共同体，建设持久和平、普遍安全、共同繁荣、开放包容、清洁美丽的世界。"①"中国人民愿同各国人民一道，推动人类命运共同体建设，共同创造人类的美好未来！"②

① 《决胜全面建成小康社会　夺取新时代中国特色社会主义伟大胜利——在中国共产党第十九次全国代表大会上的报告（2017 年 10 月 18 日）》，人民出版社 2017 年版，第 58—59 页。

② 同上书，第 60 页。

作者简介

左凤荣，俄罗斯、苏联问题专家。现为中共中央党校国际战略研究所国际政治研究室副主任、教授、国际政治专业博士生导师，兼国外马克思主义研究专业（苏东剧变问题研究、世界社会主义的现状与前景方向）博士生导师。凤凰网历史频道对话嘉宾。

★学习留印 6 抓《纲》有痕★

新时代中国特色社会主义的政治保证

新时代党的建设总要求

坚持和加强党的全面领导，坚持党要管党、全面从严治党，以加强党的长期执政能力建设、先进性和纯洁性建设为主线，以党的政治建设为统领，以坚定理想信念宗旨为根基，以调动全党积极性、主动性、创造性为着力点，全面推进党的政治建设、思想建设、组织建设、作风建设、纪律建设，把制度建设贯穿其中，深入推进反腐败斗争，不断提高党的建设质量，把党建设成为始终走在时代前列、人民衷心拥护、勇于自我革命、经得起各种风浪考验、朝气蓬勃的马克思主义执政党。

政治建设

我们党将政治建设纳入党的建设总体布局并摆在首位，明确了政治建设在新时代党的建设中的战略定位，抓住了**全面从严治党的根本性问题。**

党的政治建设决定党的建设方向和效果。

必须加强党的政治建设

增强“四个意识”

坚定“四个自信”

做到“两个维护”

进一步坚定政治信仰，强化政治领导，提高政治能力，净化政治生态，实现全党团结统一、行动一致。

政治方向是党生存发展第一位的问题。加强党的政治建设，就是要发挥**政治指南针**作用，确保党和国家各项事业始终沿着正确政治方向前进。

政治立场事关党的政治建设根本。全党必须始终坚定**马克思主义立场**，坚决站稳**党性立场**和**人民立场**。

营造良好政治生态是一项长期任务，必须作为党的政治建设的基础性、经常性工作。

一是 要严格执行新形势下党内政治生活若干准则，增强党内政治生活的政治性、时代性、原则性和战斗性。

二是 加强党内政治文化建设，弘扬忠诚老实、公道正派、实事求是、清正廉洁的价值观。

提高党员领导干部的政治能力。

主要包括：

把握方向、把握大势、把握全局的能力。

辨别政治是非、保持政治定力、驾驭政治局面、防范政治风险的能力。

思想建设

基础性建设

坚定理想信念是思想建设的首要任务。中国共产党的理想信念：

马克思主义真理信仰　**共产主义远大理想**　**中国特色社会主义共同理想**

理想信念是共产党人精神上的“钙”。

坚定理想信念，必须用**科学理论**武装头脑，不断培植我们的精神家园。

组织路线

正确政治路线的保证

新时代党的组织路线：全面贯彻新时代中国特色社会主义思想，以组织体系建设为重点，着力培养忠诚干净担当的高素质干部，着力集聚爱国奉献的各方面优秀人才，坚持德才兼备、以德为先、任人唯贤，为坚持和加强党的全面领导、坚持和发展中国特色社会主义提供坚强组织保证。

作风建设

关系人心向背和党的生死存亡

作风问题的核心是**党同人民群众的关系问题**。必须紧紧围绕保持党同人民群众的血肉联系，增强群众观念和群众感情，不断厚植党执政的群众基础。

纪律建设

全面从严治党治本之策

党的纪律和规矩是党的各级组织、全体党员必须遵守的行为准则。

严明党的纪律，首先要**严格遵守党章**。党章是党的根本大法。

政治纪律是我们党最根本、最重要的纪律，是净化政治生态的重要保证。要坚决做到**“两个维护”**作为首要政治纪律，坚持**“五个必须”**，严查**“七个有之”**问题。

制定纪律是要执行的，必须使纪律真正成为**带电的高压线。**

制度建设

事关根本，关乎长远

坚持把权力关进制度的笼子里。

健全党和国家监督体系。

反腐败斗争

巩固发展压倒性胜利

必须一刻不停歇深入推进反腐败斗争，激浊扬清、固本培元，不断深化标本兼治，着力构建不敢腐、不能腐、不想腐的体制机制。

第十八章

CHAPTER EIGHTEEN

把党建设得更加坚强有力

沈传亮

习语

要把新时代坚持和发展中国特色社会主义这场伟大社会革命进行好，我们党必须勇于进行自我革命，把党建设得更加坚强有力。

——习近平

中国共产党是中国特色社会主义事业的领导核心。党的领导是中国特色社会主义最本质的特征，也是中国特色社会主义制度的最大优势。习近平总书记指出："要把新时代坚持和发展中国特色社会主义这场伟大社会革命进行好，我们党必须勇于进行自我革命，把党建设得更加坚强有力。"[①]《纲要》围绕如何把党建设得更加坚强有力进行了深刻阐释，为在新时代继续发扬自我革命精神、贯彻落实党的建设总要求、提升党的建设质量提供了基本遵循。

一、勇于自我革命，展现新时代党的建设新气象

勇于自我革命，是中国共产党最鲜明的品格。中国共产党在近百年的奋斗历程中，为什么能够在各种政治力量反复较量中脱颖而出？为什么能够历经曲折而不断发展壮大？为什么能成为中国人民和中华民族的主心骨？根本原因在于党无论身处革命年代还是建设改革时期，始终保持自我革命精神，保持承认并改正错误的勇气，一次次拿起手术刀来割除自身病症，一次次靠自己解决了自身问题。

革别人命容易，革自己的命难。自我革命是刮骨疗毒、壮士断腕、再塑肌体，是刀刃向内，拿起手术刀给自己动手术，需要无比大的勇气和高超的智慧。中国共产党自我革命的勇气究竟从哪里来？习近平总书记指出，我们党之所以有自我革命的勇气，是因为我们党除了国家、民族、人民的利益，没有任何自己的特殊利益。不谋私利才能谋根本、谋大利，才能从党的性质和宗旨出发，从人民根本利益出发，检视自己；才能不掩饰缺点、不回避问题、不文过饰非，有缺点克服缺点，有问题解决问题，有错误承认并纠正错误。可以说，中国共产党的伟大不在于不犯错误，而在于从不讳疾忌医，敢于直面

① 《在全国组织工作会议上的讲话》，人民出版社 2018 年版，第 8 页。

问题，勇于自我革命，具有极强的自我修复能力。

坚持自我革命是保持党的先进性纯洁性的重要途径，是党得以长期执政的重要保障。共产党面临的长期执政考验、改革开放考验、市场经济考验、外部环境考验是长期的、复杂的，面临的精神懈怠危险、能力不足危险、脱离群众危险、消极腐败危险是尖锐的、严峻的。党内存在的思想不纯、政治不纯、组织不纯、作风不纯等突出问题尚未得到根本解决。习近平总书记指出，在世情国情党情深刻变化的情况下，有没有强烈的自我革命精神，有没有自我净化的过硬特质，能不能坚持不懈同自身存在的问题和错误作斗争，就成为决定党兴衰成败的关键因素。新时代，我们要更加自觉坚定党性原则，发扬彻底的自我革命精神，不断增强党自我净化、自我完善、自我革新、自我提高的能力，向着把党建设得更加坚强有力的目标不断奋进。

二、贯彻新时代党的建设总要求，从严管党治党应有新作为

党的十九大报告在党的历史上第一次对新时代党的建设总要求作出明确规定：坚持和加强党的全面领导，坚持党要管党、全面从严治党，以加强党的长期执政能力建设、先进性和纯洁性建设为主线，以党的政治建设为统领，以坚定理想信念宗旨为根基，以调动全党积极性、主动性、创造性为着力点，全面推进党的政治建设、思想建设、组织建设、作风建设、纪律建设，把制度建设贯穿其中，深入推进反腐败斗争，不断提高党的建设质量，把党建设成为始终走在时代前列、人民衷心拥护、勇于自我革命、经得起各种风浪考验、朝气蓬勃的马克思主义执政党。新时代的共产党就应该以新时代党的建设总要求为纲，抓纲治党，以纲强党，不折不扣把总要求落实到党的建设各个环节、各个领域，推动党的建设新的伟大工程向纵深推进。

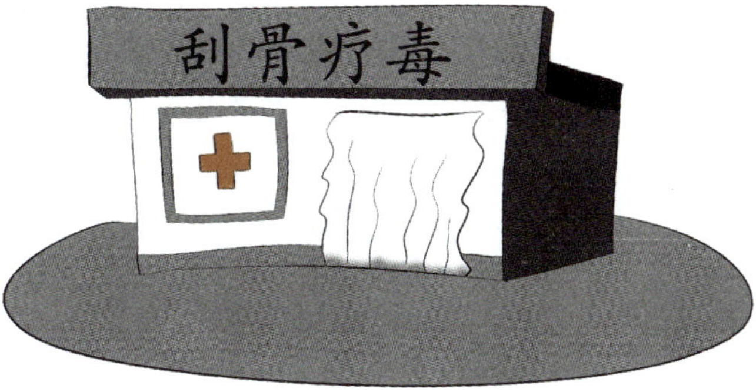

牢牢坚持党的建设的基本原则。“坚持和加强党的全面领导，坚持党要管党、全面从严治党”明示了新时代党的建设的基本原则。中国共产党是全国的最高领导力量。坚持党的领导，是党和国家的根本所在、命脉所系。党的十八大以来，以习近平同志为核心的党中央强调中国共产党的领导是中国特色社会主义最本质的特征，是中国特色社会主义的最大优势；强调党政军民学，东西南北中，党是领导一切的；强调坚持党的领导，首先是坚持党中央的集中统一领导。这些年来，党中央的权威显著增强，各级党组织、广大党员的政治意识、大局意识、核心意识、看齐意识明显增强，党中央决策的落实力度明显加大，集中统一领导实现实质性突破，党的凝聚力、战斗力、领导力、号召力大大增强。打铁必须自身硬，坚持党的领导，必然要求改善党的领导，必然要求党要管党、全面从严治党。习近平总书记不仅在党的历史上第一次提出全面从严治党的理念，而且对全面从严治党进行了科学解释，指出“全面从严治党，核心是加强党的领导，基础在全面，关键在严，要害在治”[①]，还采取一系列措施推动全面从严治党取得显著成效。坚持党的领导和坚持全面从严治党永远在路上。

紧紧围绕党的建设主线。党的建设总要求明确把“加强党的长期执政能力建设、先进性和纯洁性建设”作为党的建设主线，这是基于共产党管党治党历史经验总结，基于对党的领导地位、历史使命得出的科学判断。中国共产党是马克思主义政党，理想最崇高、使命最伟大、前景最光明。保持马克思主义政党本色，就必须不断提高党的能力建设，必须时刻保持先进性和纯洁性。中国共产党作为中国唯一的执政党，必须通过全面从严治党来保持先进性和纯洁性，通过不断提高党的各种本领来提高长期执政能力。改革开放以来，邓小平提出“聚精会神抓党建”。党的十八大以来，习近平总书记提出建设世界上最强大的政党。实际上就是为了把党建设得更加坚强有力，使其能够长期领导中国人民向着美好的生活进发。

清晰明确党的建设着力点。党的建设总要求中明确把“调动全党积极性、主动性、创造性”作为党的建设的着力点。拥有 9000 多万党员、460 多万个基层党组织的中国共产党，其建设质量关乎中国的命运、关系中华民族的未来。中国共产党只要能够调动起全党的积极性、发挥出全党的主动性、激发出全党的创造性，就一定能够带领全国人民走向美好未来。党的十八大以来，习近平总书记用人格的魅力、美好的目标、严格的纪律、严密的制度等，激励广大党员积极投身于实现中华民族伟大复兴的伟大事业。没有创造性就没有未来。中国共产党是一个富有创新精神的政治组织，有着丰富的创新基

---

① 《习近平关于全面从严治党论述摘编》，中央文献出版社 2016 年版，第 11 页。

因。新时代，为保持创新基因代代相传，中国共产党应该积极提供良好的氛围、宽松的环境、可期的目标。党的建设一切工作都要着力于此。

统筹推进党的建设总体布局。党的十八大以来，党的建设布局进一步拓展，除原来的思想建设、组织建设、作风建设、制度建设和反腐倡廉建设外，政治建设和纪律建设被纳入进来。政治建设被放到党的建设的首要位置，作为根本性建设。这既是党的十八大以来党的建设的突出亮点，也是丰富党的建设内容、推动党的建设高质量发展的重要举措。习近平总书记指出，党的政治建设决定党的建设方向和效果，不抓党的政治建设或背离党的政治建设指引的方向，党的其他建设就难以达到预期成效。加强党的政治建设，必须保持正确的政治方向，坚定的政治立场，涵养良好的政治生态，不断提高政治能力。要以政治建设为统领，加强党的思想建设这一基础性建设，补足共产党人精神上的“钙”；贯彻新时代党的组织路线，建设一支宏大的高素质干部队伍，集聚各方面优秀人才；坚持作风建设永远在路上，永远保持党同人民群众的血肉联系；加强纪律建设，使纪律真正成为带电的高压线；加强制度建设，全方位扎牢制度的笼子；反腐败斗争要持续保持高压态势，巩固发展压倒性胜利。

坚决实现党的建设目标。把党建设成为始终走在时代前列、人民衷心拥护、勇于自我革命、经得起各种风浪考验、朝气蓬勃的马克思主义执政党是新时代建设新的伟大工程的奋斗目标。从五个维度规定的党建目标，既有各自丰富的内涵，又构成统一的整体，充分彰显了我们党作为马克思主义执政党的先进性和纯洁性，彰显了我们党引领时代潮流、与时俱进的品格，彰显了我们党为中国人民谋幸福、为中华民族谋复兴的立党初心。我们要锲而不舍加强党的建设，持续提高党的建设质量，来实现党的建设目标。

三、坚定全面从严的自觉，不断推动全面从严治党向纵深发展

全面从严治党永远在路上。习近平总书记指出，全面从严治党必须持之以恒、毫不动摇。受国际国内环境各种因素的影响，我们党面临的执政环境仍然是复杂的，影响党的先进性、弱化党的纯洁性的因素也是复杂的。党的队伍和自身状况发生了重大而深刻的变化，迫切要求提高党的建设质量、增强党组织的政治功能和组织功能。我们要坚持问题导向，保持战略定力，以“越是艰险越向前”的英雄气概和“狭路相逢勇者胜”的斗争精神，坚定不移抓下去。

党的性质、初心和使命，都决定着管党治党一刻也不能松懈。中国共产党是中国工人阶级的先锋队，同时是中国人民和中华民族的先锋队；中国共产党人的初心和使命是为中国人民谋幸福、为中华民族谋复兴，最高理想和最终目标是实现共产主义。中国共产党履行先锋队员的角色，为人民守初心、为民族担使命，实现远大理想和高远目标，必须永葆旺盛的生命力和强大的战斗力。这就对管党治党提出了很高要求，不仅要质量高，还要有可持续性。这就要求时刻保持管党治党的强烈自觉、做好“持久战”的心理准备。

始终保持思想上的冷静清醒、增强行动上的勇毅执着，不断把全面从严治党向纵深推进。党的十八大以来，在以习近平同志为核心的党中央坚强领导下，全面从严治党成效卓著，管党治党宽松软现象得到有效遏制，纪律松弛现象有效缓解，脱离群众的问题有效解决，反腐败斗争取得压倒性胜利，全党面貌焕然一新。但“我们也清醒认识到，我们党面临的执政环境是复杂的，党员队伍构成是复杂的，影响党的先进性、弱化党的纯洁性的因素也是复杂的，党内存在的一些深层次问题并没有得到根本解决，一些老问题反弹回潮的因素依然存在，还出现了一些新情况新问题。一些党员、干部对全面从严治党认

识上不到位、思想上不适应、行动上不自觉”①。因此，中国共产党必须居安思危，时刻以“在路上”的精神状态，时刻坚定管党治党的政治自觉，把全面从严治党贯彻到党的发展全过程、落到党的建设各领域。

作者简介

沈传亮，中央党校党史部新时期改革开放史教研室主任，教授、博士生导师。主要从事中共党史、改革开放史、党的决策理论与实践研究。出版《中国共产党决策体制的历史演进》《公务员群体的政治文化研究》《全面深化改革——十八大以来中国改革新篇章》等7部著作，主编《向邓小平学习》《党史上的纪律和规矩》等20多部图书。目前是中央马克思主义理论研究和建设工程专家组主要成员、项目组首席专家。

① 《习近平关于全面从严治党论述摘编》，中央文献出版社2016年版，第18页。

★学习留印 7 抓《纲》有痕★

新时代中国特色社会主义的能力建设

把马克思主义哲学作为看家本领

马克思主义哲学包含了辩证唯物主义和历史唯物主义，前者是中国共产党人的世界观和方法论，后者是关于人类社会发展一般规律的科学。要学习和运用辩证唯物主义和历史唯物主义。

坚持实事求是

实事求是，是马克思主义的根本观点，是中国共产党人认识世界、改造世界的根本要求，是党的基本思想方法、工作方法、领导方法。

坚持实事求是，基础在于搞清楚“实事”，就是了解实际、掌握实情；关键在于“求是”，就是探求和掌握事物发展的规律。

提高科学思维能力

要提高

战略思维　历史思维　辩证思维

创新思维　法治思维　底线思维

不断增强工作的

科学性　预见性　主动性　创造性

保持战略定力

战略问题是一个政党、一个国家的根本性问题。当今时代风云变幻，机遇与挑战并存，最需要的是战略定力。

保持战略定力，要毫不动摇坚持和发展中国特色社会主义，坚持稳中求进工作总基调，

冷静观察　谨慎从事　谋定后动

集中精力　做好自己的事

坚定不移　走和平发展道路

坚持问题导向

坚持问题导向是马克思主义的鲜明特点

要善于

发现问题　分析问题　解决问题

注意调查研究

调查研究就是对客观实际情况的调查了解和分析研究，目的是把事情的真相和全貌调查清楚，把问题的本质和规律把握准确，把解决问题的思路和对策研究透彻。这是我们党的传家宝，是做好各项工作的基本功。

开展调查研究

深　实　细　准　效

制度化　经常化

发扬钉钉子精神

干事业好比钉钉子。要发扬钉钉子精神，**不折腾、不反复**，切实把工作干出成效来。

“**政贵有恒，治须有常**。”发扬钉钉子精神，就要一张蓝图绘到底。

“**一分部署，九分落实**。”要抓实、再抓实，发扬钉钉子精神，稳扎稳打向前走。

依靠学习走向未来

我们党历来重视学习，这是推动党和人民事业发展的一条成功经验。

学习应该是

全面的　系统的　富有探索精神的

既要抓学习重点，也要注意拓展学习领域。

党员干部特别是领导干部担负着党和人民交付的重大职责，

要真正把学习作为

一种追求　一种爱好　一种健康的生活方式

做到

自觉学习　主动学习　终身学习

学习的目的在于运用。要通过学习增强工作本领、提高解决实际问题的水平。

好　学　才　能　上　进

第十九章

CHAPTER NINETEEN

掌握科学思想方法和工作方法的时代意义

路建平

习语

每个时代总有属于它自己的问题，只要科学地认识、准确地把握、正确地解决这些问题，就能够把我们的社会不断推向前进。

——习近平

习近平新时代中国特色社会主义思想蕴含着丰富的马克思主义的思想方法和工作方法，《纲要》作了充分系统的阐述。这就给我们深入学习提出一个问题：习近平总书记如此重视思想方法和工作方法，我们如何深入理解并在实际工作中贯彻落实？我以为，可以从三个方面来思考。

一、学习习近平总书记的原文原著，理清一个思想脉络：坚持党的思想路线，又讲出思想方法和工作方法的新话，使习近平新时代中国特色社会主义思想具有了鲜明的理论品格和思想特色。

对于党的思想路线，习近平总书记不仅多次讲过，而且高度重视，还作了专题报告。说讲过，党的十八大以来就有十次之多。比如，2018 年 12 月，在纪念改革开放四十周年大会上的讲话，总结四十年的“九个始终坚持”，第一个就是解放思想、实事求是、与时俱进、求真务实。专门讲，是 2012 年 5 月，他作为政治局常委、书记处书记、中央党校校长，在党校作报告，题目就是《坚持实事求是的思想路线》。这是党的文献中讲得非常充分系统的一篇。正是在这篇讲话中，习近平总书记指出，实事求是作为党的思想路线，它始终是马克思主义中国化理论成果的精髓和灵魂，即是毛泽东思想的精髓和灵魂，是包括邓小平理论、“三个代表”重要思想以及科学发展观在内的中国特色社会主义理论体系的精髓和灵魂；它始终是中国共产党人认识世界和改造世界的根本要求，是我们党的基本思想方法、工作方法和领导方法，是党带领人民推动中国革命、建设、改革事业不断取得胜利的重要法宝。

对于实事求是，习近平总书记既讲思想路线，又讲思想方法和工作方法。比如，2013 年 12 月，他在纪念毛泽东同志诞辰 120 周年座谈会上的讲话中指出："实事求是，是马克思主义的根本观点，是中国共产党人认识世界、改造世界的根本要求，是我们党的基本思想方法、工作方法、领导方法。"[①] 又比如，2014 年 8 月，在纪念邓小平同志诞辰 110 周年座谈会上中指出："我们纪念邓小平同志，就要学习他始终坚持实事求是的理论品质。实事求是，是邓小平同志一生最重要的思想特点，也永远是中国共产党人应该遵循的思想方法。""邓小平同志坚持党的思想路线，坚持一切从实际出发，常说自己是'实事求是派'。"[②] 讲得全面系统的，还是在题为《坚持实事求是的思想路线》的讲话中。《纲要》在解读实事求是作为基本思想方法、工作方法和领导方法的内涵和要求时，其内容多出自这篇讲话。通读原文原著，我们可以进一步感受到，习近平新时代中国特色社会主义思想的精髓和灵魂，就是实事求是。《纲要》的解读充分反映了这一根本的思想特点。

对于思想方法和工作方法，习近平总书记不仅从马克思主义哲学的高度来认识，而且讲出了新话，提炼出新时代的中国特色的思想方法和工作方法。这就是《纲要》第十九部分概括的七个方法。这七个方法，分为三个方面：一是管总的，即第一条、第二条和第八条。坚持实事求是，是基本的思想方法、工作方法、领导方法。依靠学习走向未来，是推动党和人民事业发展的一条成功经验。二是侧重思维领域，即第三条。提高科学思维能力，要求提高战略思维、历史思维、辩证思维、创新思维、法治思维和底线思维能力。这六个思维能力内在联系，构成有机整体。提高科学思维能力，有利于增强工作的科学性、预见性、创造性和主动性。三是侧重实践领域，即第三

① 《在纪念毛泽东同志诞辰 120 周年座谈会上的讲话》，人民出版社 2013 年版，第 15 页。
② 《在纪念邓小平同志诞辰 110 周年座谈会上的讲话》，人民出版社 2014 年版，第 12—13 页。

条到第七条。保持战略定力、坚持问题导向、重视调查研究和发扬钉钉子精神，环环相扣，指向清晰，有助于提高解决问题的针对性和实效性。高度重视并且发展创新思想方法和工作方法，提出了新的范畴、新的阐述、新的要求，使习近平新时代中国特色社会主义思想具有了鲜明的理论品格和思想特色。

二、着力于过河的“桥”或“船”，回答一个实践课题：新时代中国特色的思想方法和工作方法，是在适应具有新的历史特点的伟大斗争中形成的，因而使习近平新时代中国特色社会主义思想更具有现实指导意义。

新时代新的历史特点是什么？从国际看，当今世界正在经历百年未有之大变局。当代中国正处在从大国到强国转变的关键时期，而且日益走近世界舞台中央，已不再是国际秩序的被动接受者，而是积极的参与者、建设者、引领者。中国同世界的关系发生了深刻变化，同国际社会的互联互动空前紧密。这个最大变量，既有有利条件又有风险考验，既有机遇又有挑战。就风险和挑战来说，处理大国关系遇到的“修昔底德陷阱”，提供国际公共产品预防的“金德尔伯格陷阱”，面对社会制度和意识形态不同需要警惕的“西化分化陷阱”，等等，这都是我们必须面对的重大课题。从国内看，当代中国发展站到了新的历史起点上。其中，社会主要矛盾的变化是关系全局的历史性变化。我们告别了短缺经济，社会生产能力在一些方面进入世界前列，但面临的突出问题是发展不平衡不充分。“一条腿长，一条腿短”，失衡制约了整体发展水平；一些地方和领域发展不充分，影响了人们物质文化生活水平。直面社会主要矛盾，能否突破“胡焕庸线”做到均衡发展，跨越“中等收入陷阱”推进可持续发展，回答“李约瑟之问”推进科技创新，回答“钱学森之问”培养高素质人才，跨越

"塔西陀陷阱"回答"耿飚之问"进一步增强政府的公信力，都是我们在前进道路中必须解决的问题。现在，我们已经站在一个新的历史起点上，正在进行具有许多新的历史特点的伟大斗争。新的历史起点、新的历史特点，很大程度上就反映在我们所面对的复杂矛盾上，反映在我们所要解决的实际问题上。

认识和处理这些复杂矛盾和实际问题，做到立场坚定，观点正确、方法得当，应对把握有度，发力精准有效，既要有新战略新思想新观点，也要有创新发展的思想方法和工作方法。正是在实践要求和理论探索的互动中，我们党形成了习近平新时代中国特色社会主义思想。其核心内容，即"八个明确"和"十四个坚持"。"八个明确"是基本理论，"十四个坚持"是基本方略。《纲要》分十九个部分展开阐述，既阐述了其思想内涵和基本观点，又阐述了思想方法和工作方法。这就使习近平新时代中国特色社会主义思想，既是世界观、历史观，也是认识论、方法论；既讲是什么、怎么看，又讲怎么办、怎么干；既部署"过河"的任务，又指导解决"桥或船"的问题，科学回答了在新时代坚持和发展什么样的中国特色社会主义，怎样坚持和发展中国特色社会主义的重大基本问题，为推进党和国家事业发展提供了锐利思想武器。

三、提高水平增强本领，明确一个价值判断：领会和掌握习近平新时代中国特色社会主义思想特别是贯穿其中的马克思主义的思想方法和工作方法，对新时代推动事业发展和提高个人能力水平有重要作用。

从推动事业发展来说，从思想方法入手打开新局面，我们党有成功经验。延安整风运动就是一个例子。延安整风运动，是一场马克思主义的思想教育运动和思想解放运动。之所以能够达到预期目的，一个重要因素是，毛泽东掌握了正确认识问题和解决问题的思想方法，创造性地运用于延安整风运动之中。延安整风的内容是整顿三风，即反对主观主义以整顿学风、反对宗派主义以整顿党风、反对党八股以整顿文风。中心内容是反对主观主义以整顿学风。学风问题，毛泽东在《整顿党的作风》中指出："学风问题就是领导机关、全体干部、全体党员的思想方法问题。"① 解决的办法是把思想方法问题作为整风的重点，党的高级干部学习理论则以研究思想方法论为主。其结果是推进了马克思主义中国化的进程，提高了全党的思想理论水平，为迎接即将到来的新的斗争，开创新局面和建立新中国，奠定了思想基础。

从提高个人能力水平来说，同样如此。还以延安时期为例，陈云曾经三次向毛泽东请教：为什么像陈独秀、瞿秋白、李立三这样有学问的人会犯错误？毛泽东三次的回答都是"思想方法不对头"，并建议陈云学习哲学。陈云坚持学哲学，并且创造性地提出了十五字箴言："不唯上、不唯书、只唯实，交换、比较、反复。"他概括这十五个字，前九个字是唯物论，后六个字是辩证法，总起来就是唯物辩证法。他结合学习体会多次强调，要把我们的党和国家领导好，最要紧的，是领导干部的思想方法。学习理论，"首先要学哲学，学习正确观察问题的思想方法"②。"学习哲学，可以使人开窍。学好哲学，终身受用。"③ 毛泽东曾经指出，政治路线确定之后，干部就是决定因素。他还说："如果我们党有一百个至二百个系统地而不是零碎地、实际地而不是空洞地学会了马克思列宁主义的同志，就会大大地提高我们党的战斗力量。"④

---

① 《毛泽东选集》（第三卷），人民出版社 1991 年版，第 813 页。

② 《陈云文选》第三卷，人民出版社 1995 年版，第 46 页。

③ 同上书，第 362 页。

④ 同上书，第 362 页。

这个任务，今天依然很现实地摆在我们党面前。党的十八大之后，2013 年 3 月，习近平总书记就提出，实现党的十八大提出的各项目标任务，应对复杂多变的国际局势，“对我们的本领提出了新的要求”[①]。我们遇到的问题有老有新。老问题长期努力解决但还没有解决好，大量是我们过去不熟悉或者不太熟悉的问题。我们的本领有升有降。随着形势和任务不断发展，“我们适应的一面正在下降，不适应的一面正在上升”[②]。甚至出现一种状态，叫新办法不会用，老办法不管用，硬办法不敢用，软办法不顶用。同过去相比，我们今天学习的任务不是轻了，而是更重了。因此，他要求全党同志特别是各级领导干部，“都要有本领不够的危机感，都要努力增强本领，都要一刻不停地增强本领”[③]。他指出，首先要认真学习马克思主义理论，这是我们做好一切工作的看家本领。只有学懂了马克思列宁主义、毛泽东思想、邓小平理论、“三个代表”重要思想、科学发展观，特别是领会了贯穿其中的马克思主义立场、观点、方法，才能心明眼亮，才能带领人民走对路，才能把中国特色社会主义不断推向前进。

正是从这样的战略高度出发，努力建设马克思主义学习型政党，全党开展了群众路线教育实践活动、“两学一做”学习教育和“不忘初心、牢记使命”主题教育。党中央率先垂范，中央政治局两次集体学习分别学习辩证唯物主义和历史唯物主义的基本原理和方法论。习近平总书记还就学习毛泽东的《党委会的工作方法》作出重要批示，对各级党委（党组）领导班子成员特别是主要负责同志重温这篇著作提出明确要求。

当前，在全党开展“不忘初心、牢记使命”主题教育，根本任务

---

① 《习近平谈治国理政》，外文出版社 2014 年版，第 402 页。

② 同上。

③ 同上。

是深入学习贯彻习近平新时代中国特色社会主义思想。要解决党内存在的一些突出问题，从根源上说都是思想上的问题。因此，借助《纲要》，进一步深入学习领会习近平新时代中国特色社会主义思想中蕴含的马克思主义的思想方法和工作方法，必将能够适应新时代新的历史起点要求，提高运用党的创新理论指导实践、推动工作的能力和水平。

作者简介

路建平，现为新疆师范大学马克思主义学院名誉院长、客座教授，首都师范大学毕业。主要从事党的宣传教育和理论工作。曾任中宣部理论局局长，中央马克思主义理论研究和建设工程办公室主任，中宣部副秘书长，湖南省委常委、宣传部部长，新华社副社长、党组成员。

★学习留印 8 抓《纲》有痕★

用习近平新时代中国特色社会主义思想武装起来

重大意义

坚持用习近平新时代中国特色社会主义思想武装全党、教育人民，对于统一思想认识、明确前进方向、凝聚奋进力量，实现社会主义现代化和中华民族伟大复兴，具有重大现实意义和深远历史意义。

学习贯彻的要求

深入学习贯彻习近平新时代中国特色社会主义思想，必须在学懂弄通做实上下功夫，增进政治认同、思想认同和情感认同。

切实做到

学	思	用	贯通
知	信	行	统一

深入学习贯彻习近平新时代中国特色社会主义思想，是一项长期的政治任务，是一个持续推进、常学常新、不断深化的过程，必须持之以恒、久久为功。

突出抓好领导干部这个“关键少数”和青年群体。

根本目的

坚持用习近平新时代中国特色社会主义思想武装头脑，根本目的在于指导实际、推动工作。

学习贯彻的目标

引导广大干部群众不断增强“四个意识”，坚定“四个自信”，做到“两个维护”。

筑牢思想之基　补足精神之钙　把稳思想之舵

引导广大党员干部群众清醒认识我国发展所处的新的历史方位，认清所肩负的历史使命和重大责任，更加自觉地用这一思想贯彻到现代化建设各领域，体现到党的建设各方面，落实到改造客观世界和主观世界全过程。

全党全国人民要更加紧密地团结在以习近平同志为核心的党中央周围，坚持以习近平新时代中国特色社会主义思想为指导，不忘初心、牢记使命，锐意进取、埋头苦干，为全面建成小康社会、夺取新时代中国特色社会主义伟大胜利、实现中华民族伟大复兴的中国梦、实现人民对美好生活的向往继续奋斗。

结　尾

ENDING

（一）

深入推进用习近平新时代中国特色社会主义思想武装全党

张　磊

习语

理论创新每前进一步，理论武装就要跟进一步。

无数事实证明，对共产党人来说，只有理论上清醒才能有政治上清醒，只有理论上坚定才能有政治上坚定。

——习近平

用习近平新时代中国特色社会主义思想武装全党、教育人民，是《纲要》结束语提出的要求，是当前全党全国最重要的政治任务。习近平总书记在“不忘初心、牢记使命”主题教育工作会议上指出：“理论创新每前进一步，理论武装就要跟进一步。”[①] 开展主题教育要以思想教育打头，努力实现“理论学习有收获”。我们要深刻领会这些重要精神，把学习《纲要》同当前开展的“不忘初心、牢记使命”主题教育紧密结合起来，把理论武装工作进一步推向深入。

一、深刻认识理论武装的根本意义

我们党历来强调思想建党、理论强党，高度重视用马克思主义理论武装党的队伍，以此推动党和人民的事业不断从胜利走向新的胜利。毛泽东同志在六届六中全会上说：“如果我们党有一百个至二百个系统地而不是零碎地、实际地而不是空洞地学会了马克思列宁主义的同志，就会大大地提高我们党的战斗力量。”[②] 在一个农民占人口绝大多数的国家，建设一个具有无产阶级世界观的强大的马克思主义政党，完成史无前例的革命、建设和改革任务，思想建党、理论强党是我们党的“独门秘诀”。今天，在世界百年未有之大变局中，在我国正进行的历史上最为广泛而深刻的社会变革中，在我们党推进的人类历史上最为宏大而独特的理论创新和实践创新中，思想建党、理论强党是我们党固本强基、把握方向、凝聚力量、攻坚克难的重要法宝。习近平总书记说：“从延安整风运动以来，我们党开展历次集中性教育活动，都是以思想教育打头。开展这次主题教育，要强化理论武装，聚焦解决思想根子问题。”[③] 我们要把理论武装提高到根本战略高

---

① 《在“不忘初心、牢记使命”主题教育工作会议上的讲话》，《求是》2019年第13期。
② 《毛泽东选集》（第二卷），人民出版社1991年版，第533页。
③ 《在“不忘初心、牢记使命”主题教育工作会议上的讲话》，《求是》2019年第13期。

度，扎扎实实不断推向深入。

深入推进理论武装，是全党始终保持政治上清醒坚定、行动上团结统一的根本思想基础。习近平总书记说："无数事实证明，对共产党人来说，只有理论上清醒才能有政治上清醒，只有理论上坚定才能有政治上坚定。"[①]党的队伍强不强，步调是否一致，有没有凝聚力和战斗力，首先就表现在思想上有没有高度认同，是不是统一，在什么基础上统一，用什么思想来统一。只有用二十一世纪马克思主义来统一，用习近平新时代中国特色社会主义思想来统一，用中央精神来统一，我们的步调才能一致、政治上才能看齐，才能真正建成坚强有力的队伍。要通过理论武装，把全党的思想统一到习近平新时代中国特色社会主义思想上来，统一到党的基本理论、基本路线、基本方略上来，形成高度的理论认同、思想认同、情感认同，做到在思想上认识上跟上党的理论创新，在工作实践上跟上党中央的战略部署，真正做到向党中央看齐、同党中央保持高度一致。

深入推进理论武装，是全面加强党的建设的重要基础性工程。我们党是在世界上最大的发展中国家执政的马克思主义政党，也是世界上党员人数最多、执政时间最长的政党。我们党长期执政取得了举世瞩目的巨大成就，积累了极为丰富的执政经验，但"四大考验""四种危险"长期存在，面临的国际环境相当复杂严峻，党员队伍的建设管理任务十分浩大繁重，我们面临的"赶考"还远未结束。实践证明，党的建设任何时候都不能放松，全面从严治党永远在路上，作风建设永远在路上，惩治腐败永远在路上。习近平总书记说："'欲事立，须是心立。'加强思想教育和理论武装，是党内政治生活的首要任务，是保证全党步调一致的前提。"[②]要通过不断深化理论武装，推

① 《习近平关于全面从严治党论述摘编》，中央文献出版社2016年版，第62页。
② 《习近平谈治国理政》（第二卷），外文出版社2017年版，第180页。

动广大党员干部全面系统深入地学习领会习近平新时代中国特色社会主义思想，不断增强“四个意识”、坚定“四个自信”、做到“两个维护”，筑牢信仰之基、补足精神之钙、把稳思想之舵。

深入推进理论武装，是我们完成新时代历史使命的强大思想理论支撑。我国现代化建设发展到今天，领域不断拓宽，分工日趋复杂，形态更加高级，国际国内融合更加紧密。我们党是一个拥有九千多万党员的大党，我们国家是一个拥有近十四亿人口的发展中大国，我国各族人民正在为实现“两个一百年”的宏伟目标艰苦奋斗。这样的大党，这样的大国，这样宏伟壮丽的历史伟业，一刻也不可缺少坚强的精神支撑和强大的理论指引。明年，我们将完成全面建成小康社会。那将是中国历史乃至人类发展史上一个令人激动的重大时刻。越是接近目标，越需要我们勠力同心、团结奋进、志在必成。历史经验证明，每当党的事业发展的关键时刻，每当党迈向新的伟大征途，都更加迫切地需要大力加强理论武装，只有这样我们才能更好发挥历史自觉性、主动性和创造性，才能在新的历史条件下开拓党和人民事业更加广阔的发展前景。

二、重点是在原有学习的基础上取得新进步

习近平总书记在“不忘初心、牢记使命”主题教育工作会议上指出，做到理论学习有收获，“重点是教育引导广大党员干部在原有学习的基础上取得新进步”[①]。党的十八大以来，中国特色社会主义事业加快发展，党的理论创造显示出旺盛的生命力，全党全国兴起了学习贯彻习近平总书记治国理政思想的持续热潮，产生了巨大作用和深刻

---

① 《在“不忘初心、牢记使命”主题教育工作会议上的讲话》，《求是》2019 年第 13 期。

影响。在原有学习的基础上取得新进步，就是要在前几年深入学习贯彻取得良好成效的基础上产生新成效、取得新收获。

如何做到在原有学习的基础上取得新进步?《纲要》提出了“在学懂弄通做实上下功夫”的要求，要着力推动学习贯彻往深里走、往实里走、往融会贯通走。

一要“读好”。要花大力气研读习近平总书记的原著，学好《纲要》这个重要辅助材料。要深入钻研，勤于思考，真正学进去、弄明白；结合习近平新时代中国特色社会主义思想形成的历史背景和时代特征，深刻理解“八个明确”“十四个坚持”，深入把握掌握基本内涵和科学体系。要把研读原著和学习《纲要》，同学习马列著作、毛泽东著作、邓小平著作、江泽民著作、胡锦涛著作结合起来，同学习改革开放以来特别是党的十八大以来的中央重要文献结合起来，同总结党的历史经验和现实新鲜经验结合起来。要带着感情学，深刻体会习近平总书记为人民谋幸福、为民族谋复兴、为世界谋大同的使命情怀。要结合实践学，深刻感受习近平新时代中国特色社会主义思想的思想魅力、文化魅力、人格魅力，寻求心灵深处的共鸣，不断深化、领会和把握。

二要“悟透”。就是要真正掌握核心要义、精神实质、丰富内涵、实践要求。要把握理论主题，就是“新时代坚持和发展什么样的中国特色社会主义、怎样坚持和发展中国特色社会主义”，深刻领会习近平新时代中国特色社会主义思想形成的历史逻辑、理论逻辑、实践逻辑，领会其理论渊源和精髓要义。要把握根本立场，就是始终坚持以人民为中心，深刻理解习近平新时代中国特色社会主义思想的出发点、落脚点、根本点，领会其价值取向和执政理念。要把握活的灵魂，就是解放思想、实事求是、与时俱进，抓住创新思想最本质的东西，搞清楚这一思想怎样坚持和发展了马克思主义、具有怎样的卓越贡献和历史意义。要把握新思想新观点新论断，就是把握这一思想对经济、政治、法治、科技、文化、教育、民生、民族、宗教、社会、生态文明、国家安全、国防和军队、“一国两制”和祖国统一、统一战线、外交、党的建设等各方面作出的新的理论概括和战略指引，全面理解和掌握丰富内容。要把握实践和战略要求，就是把握这一思想关于新时代坚持和发展中国特色社会主义的总目标、总任务、总体布局、战略布局和发展方向、发展方式、发展动力、战略步骤、外部条件、政治保障等重大问题，更好地理解这一思想的战略价值和实践意义。

三要“学方法”。就是要抓住世界观和方法论，掌握蕴含其中的唯物论、辩证法、认识论、历史观。学习马克思主义最根本的是要掌握世界观和方法论。恩格斯曾指出，马克思的整个世界观不是教条，而是进一步研究的出发点和供这种研究使用的方法。邓小平同志指出，学习马克思主义主要的是用马克思主义的立场、观点、方法来分析问题、解决问题。学习领会习近平新时代中国特色社会主义思想，就要学习其中的辩证唯物主义，坚持一切从实际出发，善于用全面的、联系的、发展的观点认识和解决问题；学习其中的历史唯物主义，牢固树立人民群众是历史的创造者的观点，坚持以人民为中心，始终把人民群众的利益放在首位；学习其中的理论思维、历史思维、创新思维、战略思维，善于在错综复杂的矛盾中抓住根本，在纷繁变幻的现象中揭示规律，在发展变化的形势中把握方向，不断增强工作的科学性、预见性和创造性；学习其中的思想情怀、务实精神、扎实作风，始终保持深入实际、求真务实，居安思危、处变不惊，知难而进、驰而不息，一抓到底、敢于担当的精神风范和工作态度。

四要“明体系”。就是要把握基本观点的逻辑联系，掌握创新思想的理论体系。习近平新时代中国特色社会主义思想全面体现了党的基本理论、基本路线、基本方略，提出了一系列紧密联系、相互贯通的新思想、新观点、新论断，形成了一系列新范畴、新判断、新阐述和一个完整的科学体系。学习这一创新成果，必须准确把握这一系列基本观点、基本范畴、基本论断的内在联系和逻辑关系，全面领会和把握它的科学体系，从而全面准确地掌握和运用这一创新成果。要结合工作实践解决问题，不断拓展深化学习的广度，既从整体上系统把握，又从各个领域、各个方面加深理解，不断提高运用理论指导实践、推动工作的能力。

三、关键是坚持学思用贯通、知信行统一

习近平总书记在“不忘初心、牢记使命”主题教育工作会议上指出，理论学习要“坚持学思用贯通、知信行统一”[①]，努力取得良好效果。“贯通”和“统一”的核心是实践，是学以致用。实践性是马克思主义最显著的特征之一。马克思曾经指出：“哲学家们只是用不同的方式解释世界，而问题在于改变世界。”[②]学习贯彻习近平新时代中国特色社会主义思想，不能仅仅停留于解释现象、认识问题，而必须致力于解决问题，发挥这一思想在改造客观世界和改造主观世界、在进行社会革命和进行自我革命中的引领指导作用。

学思用贯通、知信行统一，就要在不断增强“四个意识”、坚定“四个自信”、做到“两个维护”上下功夫。这是学习贯彻习近平新时代中国特色社会主义思想的根本要求。进入新时代，国内外形势发生了新变化，外部环境复杂，风险挑战严峻，不稳定不确定因素明显增多。实现党的十九大确定的宏伟目标，完成艰巨繁重的改革发展稳定任务，需要全党凝聚起更为强大的力量。要通

① 《在“不忘初心、牢记使命”主题教育工作会议上的讲话》，《求是》2019 年第 13 期。
② 《马克思恩格斯选集》（第一卷），人民出版社 2012 年版，第 140 页。

过思想建党、理论强党，把全党的思想进一步统一起来、意志进一步凝聚起来，不断提高贯彻党中央决策的自觉性和坚定性。要自觉用习近平新时代中国特色社会主义思想强化政治意识、增强看齐意识，把学习成果转化为增强“四个意识”的政治自觉，转化为坚定“四个自信”的思想自觉，转化为做到“两个维护”的行动自觉。

学思用贯通、知信行统一，就要在筑牢信仰之基、补足精神之钙、把稳思想之舵上下功夫。认识真理，掌握真理，是坚定理想信念的思想前提。习近平总书记指出：“要炼就‘金刚不坏之身’，必须用科学理论武装头脑，不断培植我们的精神家园。”① 只有深入学习和掌握真理，才能真正做到信仰真理，捍卫真理。人们常说“石可破也，而不可夺坚；丹可磨也，而不可夺赤”，皆因其本性使然。中国共产党人的理想信念，其本性就是马克思主义，建立在马克思主义科学真理基础之上的理想信念是坚不可摧的！要通过深入学习习近平新时代中国特色社会主义思想，让真理武装我们的头脑，让真理指引我们的理想，让真理坚定我们的信仰。要坚持学而信、学而思、学而行，把学习成果转化为不可撼动的理想信念，转化为正确的世界观、人生观、价值观，用理想之光照亮奋斗之路，用信仰之力开创美好未来。

学思用贯通、知信行统一，就要在自觉践行党的根本宗旨，不断增强群众观点上下功夫。保持党同人民群众的血肉联系是我们党的生命线。习近平总书记说：“人民是我们党执政的最大底气，是我们共和国的坚实根基，是我们强党兴国的根本所在。我们党来自于人民，为人民而生，因人民而兴，必须始终与人民心心相印、与人民同甘共

---

① 《习近平关于全面从严治党论述摘编》，中央文献出版社 2016 年版，第 61 页。

苦、与人民团结奋斗。”① 要通过深入学习习近平新时代中国特色社会主义思想，让每个共产党员都弄明白，我们党的理想和事业是建立在为最广大人民谋利益的崇高价值追求之上的，党除了人民利益之外没有自己的特殊利益，党的一切工作都是为了实现好、维护好、发展好最广大人民的根本利益。要自觉践行党的宗旨，把群众观点深深植根于思想中、具体落实到行动上，切实为群众排忧解难，不断增强人民群众对党的信任和信心，筑牢党长期执政最可靠的阶级基础和群众根基。

学思用贯通、知信行统一，就要在坚持问题导向、坚持刀刃向内，着力解决问题上下功夫。学习贯彻习近平新时代中国特色社会主义思想，不能只满足于词句，不能拿来当口号，更不能只武装嘴巴，而要切实地办实事、着力地解决问题。要把深化学习同解决问题结合起来，深入调查研究，真正了解民情、掌握实情，搞清楚问题是什么、症结在哪里，拿出破解难题的实招、硬招，推动问题的解决。要紧紧围绕决胜全面建成小康社会和“两个一百年”的宏伟目标，抓紧研究解决本地区本部门的现实问题，抓紧研究解决群众关心的紧迫问题，抓紧研究解决党建中的突出问题，真正把习近平新时代中国特色社会主义思想落实到各项工作中去。习近平新时代中国特色社会主义思想既是改造客观世界的思想武器，也是改造主观世界的思想武器。能否在主观世界的改造方面取得成效，是检验我们学习贯彻是不是真正落实的重要尺度。要以刀刃向内的自我革命精神，认真检验反思自己的工作、学习和生活，把自身存在的问题找实、把根源挖深，明确努力方向和改进措施。要以习近平新时代中国特色社会主义思想为指导，牢固树立正确的世界观、人生观、价值观和权力观，加强

① 《在“不忘初心、牢记使命”主题教育工作会议上的讲话》，《求是》2019 年第 13 期。

道德品质修养，牢记“两个务必”，真正取得改造主观世界的实际成效、加强党的建设的扎实进展。

四、高举旗帜为完成新时代历史使命而奋斗

深入推进用习近平新时代中国特色社会主义思想武装全党、教育人民，从根本上说，就是要高举旗帜，为新时代中国特色社会主义提供强大的思想理论引领。

旗帜问题至关重要。中国共产党担负着为人民谋幸福、为民族谋复兴的初心和使命，举什么旗、走什么路、实现什么目标，关系党和人民事业的发展、关系国家和民族的前途命运。早在中国共产党成立前夕，毛泽东同志就鲜明指出，我们党应是“主义的结合”，“主义譬如一面旗帜，旗子立起了，大家才有所指望，才知所趋赴”①。旗帜代表初心，旗帜体现使命，旗帜产生凝聚力，旗帜激发战斗力。习近平总书记在主题教育工作会议上指出：“中国共产党从诞生之日起，就把马克思主义鲜明地写在自己的旗帜上。我们党一路走来，无论是处于顺境还是逆境，从未动摇对马克思主义的坚定信仰。”② 正是高举马克思列宁主义、毛泽东思想、邓小平理论、“三个代表”重要思想、科学发展观的旗帜，我们党团结带领全国各族人民在中国革命、建设和改革的伟大事业中取得了辉煌成就，在中国特色社会主义道路上大步迈向民族伟大复兴的康庄大道。

党的十九大把习近平新时代中国特色社会主义思想写在党的旗帜上，把它同马克思列宁主义、毛泽东思想、邓小平理论、“三个代表”重要思想、科学发展观一道确立为我们党必须长期坚持的指导思想，这是一个历史性贡献，也是一个历史性标志。在新时代，中国共产党

---

① 《毛泽东早期文稿》，湖南出版社 1990 年版，第 554 页。
② 《在“不忘初心、牢记使命”主题教育工作会议上的讲话》，《求是》2019 年第 13 期。

高举的旗帜，就是马克思主义的旗帜，就是习近平新时代中国特色社会主义思想的旗帜，这是我们战胜前进中各种困难和风险、不断夺取新的胜利的强大理论武器，是我们民族团结奋斗、实现伟大复兴的强大精神支柱。在新时代，中国共产党将高举习近平新时代中国特色社会主义思想的伟大旗帜，带领全国各族人民把中国特色社会主义伟大事业不断推向前进。

高举旗帜，必须不断深化理论武装工作。《纲要》结束语指出："深入学习贯彻习近平新时代中国特色社会主义思想，是一项长期的政治任务，是一个持续推进、常学常新、不断深化的过程，必须持之以恒、久久为功。"要把深入学习贯彻习近平新时代中国特色社会主义思想作为一种政治责任、一种历史使命、一种自觉行动，力求学得主动、学得认真、学得深入，力求贯彻得及时、贯彻得持久、贯彻得全面。要抓住领导干部这个"关键少数"，抓住青年这个"未来希望"，持久发力、深入推进，不断提高理论武装的成效，不断增强学习贯彻的自觉性、坚定性。

高举旗帜，必须指导实践、推动工作。深入学习贯彻习近平新时代中国特色社会主义思想，关系党和国家工作的全局，关系党的十九大战略目标的实现，关系中国特色社会主义事业的长远发展。当前，中国特色社会主义进入新时代，我们比历史上任何时期都更接近、更有信心和能力实现中华民族伟大复兴。要牢记船到中流浪更急、人到半山路更陡，始终保持不到长城非好汉、只争朝夕的精神，始终保持解放思想、开拓创新的精神，始终保持抓铁有痕、踏石留印的精神，以百倍的努力、千倍的坚韧为决胜全面建成小康社会、夺取新时代中国特色社会主义伟大胜利、实现中华民族伟大复兴的中国梦而不懈奋斗。

高举旗帜，必须与时俱进、勇于创新。坚持马克思主义必须发展马克思主义。习近平总书记指出："实践发展永无止境，我们认识真理、进行理论创新就永无止境。""事业越发展新情况新问题就越多，也就越需要我们在实践上大胆探索、在理论上不断突破。"[1] 只有与时俱进地发展马克思主义，我们坚持马克思主义才能坚持得住、发展马克思主义才能发展得好。要以更加宽阔的眼界审视马克思主义在当代发展的现实基础和实践需要，坚持以我们正在做的事情为中心，不断推进马克思主义中国化、时代化、大众化，不断开辟二十一世纪马克思主义发展新境界，让当代中国马克思主义放射出更加灿烂的真理光芒。

作者简介

张磊，经济日报社原副总编辑。北京师范大学硕士研究生毕业。长期从事党的宣传和理论工作，曾任中宣部理论局巡视员兼副局长，并主持中央马克思主义理论研究和建设工程办公室工作。

① 《习近平谈治国理政》（第二卷），外文出版社 2017 年版，第 34 页。

结 尾

ENDING

（二）

通过学习《纲要》深化对“初心”和“使命”的把握

张瑞才

习语

中国共产党人的初心和使命就是为中国人民谋幸福，为中华民族谋复兴。

——习近平

《纲要》对习近平新时代中国特色社会主义思想作了全面系统的阐述。《纲要》深入分析了习近平新时代中国特色社会主义思想的时代意义、理论意义、实践意义、世界意义；系统研究了习近平新时代中国特色社会主义思想的基本精神、基本内容、基本要求；科学揭示了习近平新时代中国特色社会主义思想的核心要义、精神实质、丰富内涵、实践要求，是我们学习领会习近平新时代中国特色社会主义思想的重要辅助读物。学习贯彻习近平新时代中国特色社会主义思想是“不忘初心、牢记使命”主题教育的主线，是重中之重。主题教育要把习近平新时代中国特色社会主义思想贯穿在学习、调研、检视、整改全过程，《纲要》对于拓宽学习的广度、深化调查的深度、强化检视的锐度、细化整改的力度意义重大。《纲要》是主题教育规定的学习书目，学习使用好《纲要》是主题教育的重要任务，也是做好主题教育的需要。“不忘初心、牢记使命”是我们把握习近平新时代中国特色社会主义思想的“金钥匙”，《纲要》阐释的习近平总书记关于坚持以人民为中心的思想，是“不忘初心、牢记使命”主题教育的重点。习近平新时代中国特色社会主义思想坚守中国共产党人为人民谋幸福的初心、承载着中国共产党人为民族谋复兴的使命、体现着中国共产党人为世界谋大同的责任担当。我们要紧密结合“不忘初心、牢记使命”主题教育，依托《纲要》，引导广大党员干部系统深入地学习好习近平新时代中国特色社会主义思想，切实把思想武装起来、把党中央的决策部署落实下去；引导广大党员干部坚定马克思主义信仰、中国特色社会主义信念、实现中华民族伟大复兴的信心；引导广大党员干部掌握和运用马克思主义立场观点方法来研究和解决实际问题；引导广大党员干部努力践行为人民谋幸福、为民族谋复兴、为人类谋大同的初心和使命。

一、怎样理解初心和使命

开展“不忘初心、牢记使命”主题教育的一个基本前提是深入理解什么是初心，什么是使命。习近平总书记明确指出：“中国共产党人的初心和使命，就是为中国人民谋幸福，为中华民族谋复兴。”[①] 通过《纲要》学习我们可以从以下四个维度来深化理解。

从理论维度看，回答“理论之问”，追寻“理论逻辑”。马克思主义是我们立党立国的根本指导思想，马克思主义是我们初心和使命的理论之源。马克思在中学毕业时就立志要为“大多数人的福祉奋斗”。30 岁的马克思、28 岁的恩格斯发表了《共产党宣言》，这本书宣告共产主义诞生，马克思主义创始人马克思、恩格斯明确提出：“过去的一切运动都是少数人的，或者为少数人谋利益的运动。无产阶级的运动是绝大多数人的，为绝大多数人谋利益的独立的运动。”[②] 马克思主义追求的理想就是“无产阶级的解放”，“人类解放”，追求的共产主义就是“自由人联合体”。马克思确立了这个初心，为了这个初心，自觉承担起了“人类解放”的历史使命。初心一经确立，就终身未改，在伦敦期间，马克思一家生活极度贫困，马克思的孩子中有两个因病而亡。但马克思终身坚守初心，为“人类解放”的事业奋斗终身，直到 1883 年 3 月 14 日逝世，马克思在自己工作的椅子上停止“思想”，从西伯利亚到加利福尼亚，全世界无产者都为马克思落下崇敬的眼泪。

从历史维度看，回答“历史之问”，追寻“历史逻辑”。中国共产党是马克思主义政党，中国共产党之所以叫共产党，就在于从成立那

① 《决胜全面建成小康社会　夺取新时代中国特色社会主义伟大胜利——在中国共产党第十九次代表大会上的报告（2017 年 10 月 18 日）》，人民出版社 2017 年版，第 1 页。

② 《马克思恩格斯选集》（第一卷），人民出版社 2012 年版，第 411 页。

天起就把马克思主义写在自己的旗帜上，把共产主义确立为自己的理想和奋斗目标。中国共产党从成立那天起，就承担起中华民族伟大复兴的历史使命。为了初心和使命，在新民主主义革命时期，为中国人民谋幸福，为中华民族谋复兴，要解决的一个重要历史课题是“民族独立、人民解放”。中国共产党带领人民“打土豪、分田地”，推翻了压在中国人民头上的“三座大山”，实现了中华民族从“东亚病夫”到“站起来”的伟大飞跃。在站起来的基点上，以毛泽东同志为主要代表的中国共产党人建立了人民代表大会制度、中国共产党领导的多党合作和政治协商制度、民族区域自治制度等社会主义制度，为我们解决第二个历史课题“国家富强、人民幸福”提供了国家独立的政治前提，提供了思想资源、制度基础、实践经验。1978 年中国改革开放历史大幕拉开了，以邓小平同志为主要代表的中国共产党人带领我们继续回答“什么是社会主义、怎样建设社会主义”这个历史之问，成功开辟了中国特色社会主义道路；以江泽民同志为主要代表的中国共产党人把中国特色社会主义成功推向 21 世纪；以胡锦涛同志为主要代表的中国共产党人在新世纪继续推进中国特色社会主义的历史进程，我们实现了从“站起来”到“富起来”的伟大飞跃。

从实践维度看，回答“实践之问”，追寻“实践逻辑”。中国特色社会主义进入新时代，我们的初心就是“人民对美好生活的向往”，这就要求我们必须牢固树立“以人民为中心”的发展理念，始终把人民的根本利益整体利益长远利益维护好发展好实现好，把人民群众最直接最现实最具体的利益作为出发点和落脚点，通过发展来保障民生中的“幼有所育、学有所教、劳有所得、病有所医、老有所养、住有所居、弱有所扶”。我们的使命就是完成“两个一百年”奋斗目标、实现中华民族的伟大复兴，这就要求我们统揽好伟大斗争、伟大工程、伟大事业、伟大梦想；统筹推进“五位一体”、协调推进

“四个全面”的伟大实践。

从时代维度看，回答“时代之问”，追寻“时代逻辑”。从时代层面来理解初心和使命，有两个视角：一个重要的视角就是革命精神。时代是出卷人，我们是答卷人，人民是评卷人。新时代要承担起实现中华民族伟大复兴的历史使命。要进行“伟大的社会革命”，必须进行“自我革命”。中国共产党之所以有自我革命的精神，就因为我们党秉承马克思主义的初心和使命。毛泽东曾明确提出：“共产党员是一种特别的人，他们完全不谋私利，而只为民族与人民求福利。他们生根于人民之中，他们是人民的儿子，又是人民的教师，他们每时每刻地总是警戒着不要脱离群众，他们不论遇着何事，总是以群众的利益为考虑问题的出发点。”[①] 强烈的革命精神是我们的初心重要内涵。中国共产党历经革命、建设、改革始终贯通革命精神，我们既是马克思主义执政党，也是马克思主义革命党。新民主主义革命是革命，中华人民共和国成立后，我们开展社会主义革命，是中华民族最深刻的社会革命。邓小平称改革开放为“第二次革命”。中国特色社会主义新时代“实现中华民族伟大复兴”是深刻的社会革命。第二个视角是“国际视角”或者叫“全球视角”。中国共产党不仅立志于中华民族的千秋伟业、而且作为马克思主义政党立志为人类作出新的贡献。马克思主义的历史使命就是“人类解放”的崇高事业、追求的共产主义就是“每个人的发展是一切人发展的条件”，谋求的是“大多数人的福祉”。新时代，中国共产党始终做世界和平的建设者、全球发展的贡献者、国际秩序的坚定维护者。

---

① 《建党以来重要文献选编（一九二一——一九四九）》（第二十册），中央文献出版社 2011 年版，第 391 页。

二、怎样践行初心和使命

开展“不忘初心、牢记使命”主题教育要解决的另一个问题是怎样守好初心，怎样担好使命。通过《纲要》学习，我们可以从以下两个角度深化理解。

从践行初心的角度讲，我们要从以下几个层面来努力：

一是要牢固树立马克思主义群众观。马克思主义群众观最根本的是人民群众是历史创造者，人民既是历史的“剧中人”，又是历史的“剧作者”。马克思主义唯物史观强调人民是历史主体。这就要求我们始终把人民放在心中最高位置，尊重人民的首创精神。

二是要坚守党的群众路线。党的群众路线核心要义是“从群众中来，到群众中去；集中起来，坚持下去”。党的群众路线是我们党的根本工作路线，是我们党的生命线。这就要求我们坚守“群众是真正的英雄”的观点，解决好依靠谁、为了谁、我是谁的根本问题，坚持调查研究，努力做好新形势下的群众工作，特别是网络化条件下的群众工作。

三是站稳群众立场。人民立场是马克思主义的根本立场，中国共产党立党为公、执政为民。这就要求我们牢固树立以人民为中心的发展理念，围绕人民对美好生活的向往这一奋斗目标，强化公仆意识践行初心。

从践行使命的角度讲，我们要从以下几方面努力：

一是要自觉肩负起实现中华民族伟大复兴的历史使命。按照统揽“四个伟大”的要求，围绕实现伟大梦想的目标和使命，深入开展伟大斗争、推进伟大工程、建设伟大事业；按照统筹推进“五位一体”的要求，通过经济建设创造物质文明，为实现伟大梦想提供物质基础；通过民主法治建设创造政治文明，为实现伟大梦想提供政治保证；通过教育、科技、文化建设创造精神文明，为实现伟大梦想提供思想保证、精神动力、智力支持、文化条件；通过社会建设创造社会文明，为实现伟大梦想提供社会条件；通过生态建设创造生态文化，为实现伟大梦想提供生态支撑。我们要协调推进全面建成小康社会、全面深化改革、全面依法治国、全面从严治党“四个全面”战略布局。

二是发扬革命精神、深入推进自我革命的进程。勇于自我革命，是解决我们党内矛盾和问题的根本。勇于自我革命是我们党的鲜明特征，我们要推进中国特色社会主义这一深刻的社会革命、作为中国特色社会主义事业坚强领导核心的中国共产党，必须刀刃向内，善于自我革命。立足于实现中华民族伟大复兴千秋伟业的中国共产党只有发扬革命精神，才能永远立于不败之地；只有发扬革命精神、才能永葆青春活力。革命精神既是我们永远不变的初心，也是我们实现使命的精神动力。中国共产党之所以能够保持不变的初心，就是有革命精神的支撑，中国共产党之所以能够战胜前进道路上的一个又一个困难，不断解决前进过程中一个又一个难题，不在于我们党不会犯错误，而在于我们勇于认识错误、善于纠正错误，有极强的自我修复能力。

三是推进人类命运共同体建设，努力为人类作出新的更大贡献。中国共产党是为中国人民谋幸福的政党，也是为人类进步事业而奋斗的政党。为承担为人类谋大同的使命，在全球化进程中，我们积极促进全球治理体系变革，为解决全球共性问题提供中国方案、贡献中国智慧。中国共产党不仅立志于中华民族的千秋伟业，而且作为马克思主义政党立志为人类作出新的贡献。新时代，中国共产党始终做世界和平的建设者、全球发展的贡献者、国际秩序的坚定维护者。我们以天下为公的精神贡献建设人类命运共同体的中国智慧，搭建了为全球提供公共产品的最大平台“一带一路”、编织了全球最大的“伙伴关系网”。我们按照“不冲突、不对抗、相互尊重、合作共赢”的理念建设新型大国关系，构建总体稳定、均衡发展的大国关系框架。按照“亲诚惠容”的理念处理周边关系、亲仁善邻是中国自古以来的传统；按照“真实亲诚”的理念处理与发展中国家的关系。我们通过推动中国发展给世界创造更多机遇、通过深化自身实践探索人类社会发展规律并同世界各国分享，一系列务实举措彰显了中国共产党的天下情怀和使命担当。

作者简介

张瑞才，云南省社科联党组书记、主席，云南中国特色社会主义理论体系研究中心主任、研究员，云南大学博士研究生导师。

后　记

AFTERWORD

中国特色社会主义进入了新时代，共产党人站在新的历史起点，挑战与机遇并存。为帮助广大党员干部更好地学习领会习近平新时代中国特色社会主义思想，本书将党建网、党建网微平台《理论强党》栏目“学习《习近平新时代中国特色社会主义思想学习纲要》（以下简称《纲要》）系列”文章集结出版，依据《纲要》的章节拆分细化，邀请部分参与《纲要》编写的作者、理论专家和科研单位撰写导读文章，促进读者更加系统全面、融会贯通地理解《纲要》内涵，深刻把握贯穿其中的马克思主义立场观点方法，不断提高理论政策水平。

中宣部《党建》杂志社高度重视并具体指导本书的编选工作，社长慈爱民、总编辑崔海教审定全部书稿，副总编辑徐能毅、徐遥提出修改意见。

杂志社副社长李小标组织策划本次编选出版工作并统筹书稿编辑。栏目责任编辑白梦洁负责相关具体工作。本书编辑过程中，刘文韬、孙进军、张国樑、冯静、王仁峰、王碧薇、王慧、郭庆、王高林、赵丹阳、穆菁、孙梦雨、王寒、朱琳瑄等同志积极参与，杂志社其他同志也积极支持，也感谢东方出版社姚恋、闫妮、李志刚等同志的辛勤付出。感谢参与本书撰写的专家学者。特别感谢张磊、段虹、黄一兵、辛向阳、天津市中国特色社会主义理论体系研究中心、张国祚、汤荣光、王炳林、浙江省中国特色社会主义理论体系研究中心、翟国强、韩喜平、上海市人大常委会研究室、湖南省中国特色社会主义理论体系研究中心、刘娜、周锦涛、吴舜泽、颜晓峰、刘光明、张峰、左凤荣、沈传亮、路建平、张瑞才等老师和科研单位的参与。（排名按目录顺序）

线上文章请关注“党建网”“党建网微平台”《理论强党》栏目，同名音频请关注喜马拉雅 FM《理论强党》频道和党建网《党建 FM》。

2019 年 7 月

图书在版编目（CIP）数据

理论强党 /《党建》杂志社 主编 . — 北京：东方出版社，2019.8
ISBN 978-7-5207-1085-5

Ⅰ. ①理…　Ⅱ. ①党…　Ⅲ. ①中国共产党—党的建设—学习参考资料　Ⅳ. ① D26

中国版本图书馆 CIP 数据核字（2019）第 135651 号

理论强党
（LILUN QIANGDANG）

主　　编：《党建》杂志社
责任编辑：闫　妮　李志刚
出　　版：东方出版社
发　　行：人民东方出版传媒有限公司
地　　址：北京市朝阳区西坝河北里 51 号
邮　　编：100028
印　　刷：北京联兴盛业印刷股份有限公司
版　　次：2019 年 8 月第 1 版
印　　次：2019 年 8 月第 1 次印刷
开　　本：640 毫米 ×950 毫米　1/16
印　　张：16.5
字　　数：200 千字
书　　号：ISBN 978-7-5207-1085-5
定　　价：42.00 元
发行电话：（010）85924663　85924644　85924641

如有印装质量问题，我社负责调换，请拨打电话：（010）85924602　85924603